신학자 바울이 신학도에게

**바울로부터 온 편지 4**
**신학자 바울이 신학도에게**

지은이 | 최종상
초판 발행 | 2025. 8. 20
등록번호 | 제1988-000080호
등록된 곳 | 서울특별시 용산구 서빙고로 65길 38
발행처 | 사단법인 두란노서원
영업부 | 2078-3333    FAX | 080-749-3705
출판부 | 2078-3331

책값은 뒤표지에 있습니다.
ISBN 978-89-531-5148-2 03230

독자의 의견을 기다립니다.
tpress@duranno.com    www.duranno.com

ⓒ 이 출판물은 저작권법에 의해 보호를 받는 저작물이므로
무단 전재와 무단 복제, 무단 사용을 할 수 없습니다.

---

두란노서원은 바울 사도가 3차 전도여행 때 에베소에서 성령 받은 제자들을 따로 세워 하나님의 말씀으로 양육하던 장소입니다. 사도행전 19장 8-20절의 정신에 따라 첫째 목회자를 돕는 사역과 평신도를 훈련시키는 사역, 둘째 세계선교(TIM)와 문서선교 (단행본·잡지) 사역, 셋째 예수문화 및 경배와 찬양 사역, 그리고 가정·상담 사역 등을 감당하고 있습니다. 1980년 12월 22일에 창립된 두란노서원은 주님 오실 때까지 이 사역들을 계속할 것입니다.

# 신학자 바울이
# 신학도에게

Letters
from
Paul

최종상 지음

바울로부터
온
편지

**4**

두란노

차례

| **시리즈 서문** |　6
| **프롤로그** |　12

**1**_ 행하고 가르치는 신학도가 되십시오　17
**2**_ 신학과 실천과 신앙의 균형을 잡으십시오　33
**3**_ 성경의 숲을 먼저 보고 본문의 나무를 보십시오　47
**4**_ 선교적 관점으로 성경을 읽으십시오　85
**5**_ 학설이나 교리보다 진리를 수호하십시오　113
**6**_ 다른 사람의 학설에도 겸손하게 귀를 기울이십시오　149

| **에필로그** |　180
| **묵상과 나눔** |　183
| **바울이 보낸 신학 십계명** |　190
| **내가 쓰는 신학 고백문** |　191

| 시리즈 서문 |

예수님의 제자이면서 동시에 전도자, 선교사, 교회 개척자, 목회자, 신학자이자 저술가였던 사도 바울. 그는 다양한 역할을 훌륭하게 감당한 주님의 일꾼이었다. 그의 다면적 초상은 오랜 세월 동안 많은 그리스도인에게 영감을 주었고, 그의 삶과 사역, 가르침과 신학은 2천 년이 지난 지금도 여전히 적절하고 살아 있다.

종교다원화의 시대에 기독교 감소를 체험하는 서구 교회와 한국 교회는 기독교의 본질을 회복해야 할 중대한 기로에 서 있다. 이러한 때에 우리가 따라야 할 가장 적절한 모델이 바로 사도 바울이다. 그는 로마의 작은 식민지의 종족임에도 불구하고 거대한 헬라와 로마의 범신론과 세속화에 맞서 담대히 복음을 전하여 제국의 여러 속주에 교회들을 개척했다. 그의 목회와 가르침으로 성도들은 극심한 핍박 가운데서도 기독교의 본질을 지켜 냈고 마침내 로마 제국은 기독교를 공인하게 되었다. 바울이 어떻게 살고 무엇을 가르쳤기에 이런 역사가 뒤따르게 되었을까? 그의 삶과 가르침이 궁금하지 않을 수 없다. 사도 베드로는 바울의 가르침이 어렵다고 했지만 말이다 (벧후 3:15-16).

사도 바울이 21세기의 성도들과 목회자들, 선교사들 그리고 신학도들에게 편지를 쓴다면 과연 어떤 교훈과 권면을 줄까? 그의 가르침이 우리에게 절실하다. 그래서 이번 《바울로부터 온 편지》 시리즈에서는 만약 사도 바울이 이 시대를 살아가는 그리스도인들에게 권면과 도전의 메시지를 전한다면 어떤 말을 할지 편지의 형태로 기술해 보고자 한다.

대체적으로 바울서신은 수신인이 교회 지도부를 포함한 성도들이었고, 당시 1세기 교회들이 직면했던 상황을 전제로 기록되었다. 따라서 그의 서신들 속에서 21세기를 살아가는 '나에게', 특히 '목회자', '성도', '선교사', '신학도'라는 각각의 위치에 있는 '나에게' 주는 메시지를 찾아내기는 생각만큼 쉽지 않을 수 있다.

그래서 이번 《바울로부터 온 편지》 시리즈를 각각의 직분을 향한 편지 네 권으로 구성했다. 《목회자 바울이 목회자에게》, 《사도 바울이 성도에게》, 《선교사 바울이 선교사에게》, 《신학자 바울이 신학도에게》다.

이 시리즈에서는 각 직분자에게 사도 바울이 나눌 메시지를 모아 보았다. 하지만 각 직분에 따라 명확하게 구분하는 것은 불가능에 가까웠다. 다양한 직분의 역할을 사도 바울 혼자 감당했기 때문이며, 바울서신이 목회적이고 선교적인 동시에 신학적이며, 이런 요소들이 서로 복합적으로 뒤섞여 있다 보니 내용과 주제가 조금은 중복될 수밖에 없었다. 하지만 주로 누구에게 말하는가에 중점을 두고 기술하고자 했다. 서로 연결되어 있는 만큼 《바울로부터 온 편지》 시리즈 전권을 읽는다면, 바울의 사도적, 목회적, 선교적, 신학적 가르침을 포괄적으로 이해하게 될 것이다.

또한 네 권 모두 그 내용을 평신도들이 이해할 수 있도록 쉽게 기술하고자 노력했다. 성도들도 목회적, 선교적, 신학적 주제를 관심 갖고 읽기 바란다. 바울서신은 기본적으로 초대 교회 성도들에게 보낸 것인데, 거기에 위 주제들이 다 담겨 있고 그들도 신학적 내용을 이해했기 때문이다. 시리즈의 책을 다 읽으면 방대한 지식과 균형 잡힌 신앙을 갖게 되고 다른 직분자들을 더 잘 이해할 수 있게 될 것이다. 다만 사도 바울도 그랬듯이, 독자들이 궁금해할 모든 주제를 다룰 수 없는 한계에 대해서는 양해를 구한다.

바울의 권면을 새로이 들으려면 바울서신의 메시지만으로도 충분할 수 있다. 바울서신의 일차적 수신인은 우리가 아니었다 할지라도 하나님은 우리를 위해서도 쓰도록 섭리하셨기 때문이다. 하지만 보다 풍성한 메시지를 받기 위해 바울 당시 없었던 사도행전을 비롯하여 신약의 말씀들도 살피고자 한다. 사복음서에 기록된 예수님의 가르침도 조명할 것이다. 예수님의 가르침을 직접 받지 못했고 그분의 가르침과 행적이 기록된 복음서도 없던 시대에 사역했지만, 오늘 우리에게 편지를 쓰거나 가르친다면 당연히 기록된 예수님의 가르침을 많이 인용할 것이기 때문이다.

이 시리즈의 제목들은 13여 년 전, 이미 정해 놓았다. 그러나 이제야 세상에 나오게 된 것은 하나님의 은혜요 타이밍이라고 고백할 수 있다. 주님의 인도하심으로 CGN과 함께 작업한 10부작 스토리 다큐 〈바울로부터〉가 다양한 채널로 방영되었다. 미국에서 주관하는 ICVM(International Christian Visual Media) 크라운 어워즈에서 해외 프로덕션 부문 최고 영예인 금관상(Gold Crown Award)을 받았다. 게다가 80여 분으로 즐인 〈바울로부터 스페셜 마스터〉가 2024년 크리스마스 특집으로 KBS 1TV에서 방영되었고, 영어와 중국어를 비롯한 주요 언어로 자막 처리되어 세계로 뻗어 갔다.

다큐를 위해 스크립트로 쓴 원고가 《바울로부터》라는 제목으로 두란노에서 출판되었고, 2024년 한국기독교출판문화상 대상(大賞)을 수상하게 되었다.

이런 하나님의 은혜를 경험하면서 여러 해 전 제목만 정해 놓았던 이 시리즈를 마무리해야 한다는 책임감이 몰려왔다. 몇 번의 인터뷰를 통해 "바울이 오늘날 한국 교회에 어떤 메시지를 주실 것 같은가?"라는 질문을 자주 받으면서 집필을 결심하게 되었다. 다큐 〈바울로부터〉와 책에 이어 성도, 목회자, 선교사, 신학도에게 개별적으로 바울로부터 적절한 권면과 메시지가 전달되는 것은 하나님의 완벽한 시간표를 따르고 있다는 확신마저 든다.

서술 방식에 대해서는 고민이 많았다. 결론은 바울 사도가 성도들과 목회자들과 선교사들과 신학도들에게 직접 편지를 쓰듯 서간체를 채택했다. 사도 바울이 직접 말하는 일인칭 형식을 사용하려니 바울에 대해 기술하는 것과는 차원이 다른 부담감이 있었던 것은 사실이다. 혹시라도 바울의 삶과 가르침을 충분히 이해하지 못하면서 바울이 직접 말하는 것으로 전달하는 결과를 가져오면 안 된다는 생각 때문이었다. 그래서 망설였다.

그러나 바울로부터 직접 메시지와 설명을 듣는 서체

에는 이야기를 전달하는 제3자의 입장에서 기술하는 것과는 비교할 수 없을 만큼 더 큰 가르침과 묵직한 힘이 있으리라는 생각이 들었다. 이러한 이유로 바울의 마음과 정신과 신학을 최대한 제대로 투영시키려고 철저히 노력해야 한다는 것을 스스로 유념하며 용기를 내어 바울이 직접 전하는 편지의 형식으로 풀어내기로 했다. 이 시리즈가 현대의 믿는 자들 모두에게 '현대판 바울서신'으로 다가갈 수 있기를 소망한다.

《바울로부터 온 편지》 시리즈를 통해 바울을 본받아 힘을 얻고, 예수님과 바울이 각자에게 들려주는 메시지를 발견하게 되길 바란다. 그리하여 새로운 관점으로 성경과 바울의 삶을 보게 되고, 그의 가르침이 지식의 차원을 넘어 진정한 삶과 사역에서 변화를 경험하게 하는 원동력이 되길 소망하며 기도한다.

주님께 감사와 영광을 돌리며 출판에 힘써 준 두란노 편집 팀, 아내 윤명희 선교사와 가족에게 감사드린다.

최종상

| 프롤로그 |

주 안에서 사랑하는 신학도 여러분께!

이 편지를 받는 대상인 '신학도'는 신학생, 신학자, 신학교를 졸업한 목회자와 선교사 그리고 신학적 주제에 관심이 깊은 성도 모두를 포함합니다. 먼저, 성경과 신학을 집중적으로 공부하고자 신학교에 입학하여 주님의 종으로 준비해 가는 신학생 여러분께 축하와 감사를 전합니다. 대부분은 목회나 선교, 혹은 신학 연구를 풀타임으로 감당하려는 소명과 열망으로 이 길에 들어섰을 것입니다. 어느 분야를 주 사역으로 선택하든, 결국 성도들을 가르치는 자리에 있게 될 것입니다. 전임 사역자가 되기 위한 스펙을 쌓는다는 가벼운 생각보다는, 평생의 사역을 위해 기초를 단단히 다지겠다는 각오로 임한 줄 믿습니다.

하나님께서 허락하신 3년 혹은 그 이상의 시간을 최

대한 잘 선용하여, 할 수 있는 만큼 많이 준비하기 바랍니다. 이렇게 공부에만 집중할 수 있는 시간이 앞으로 그리 많지 않을 것입니다. 성경의 전반적인 개관과 연결성을 공부하고, 헬라어와 히브리어 같은 성경 원어도 잘 배우십시오. 주님께서 더 공부하도록 인도하실지 모르니, 현재의 과정에 최선을 다해야 합니다. 그것이 다음 학위 단계를 위한 최선의 준비가 될 것입니다.

무엇보다도 이 기간에 하나님의 성품과 그분의 일하시는 모습과 원리를 체득하며, 하나님의 종으로 준비되어 가길 바랍니다. 복음에 감격하고 하나님을 더 알아가는 기쁨이 당신 안에 넘치길 축복합니다. 하나님 나라의 일을 위해 구별된 자로서의 사명을 가지되, 언제나 겸손히, 넓고 깊게 공부해 가십시오.

신학교 교수와 신학자가 된 분들에게도 감사를 드립니다. 성경을 연구하고 분석하며 그 안에서 진리를 발견하고, 그것을 조리 있게 저술하고 강의할 수 있는 사람은 많지 않습니다. 하나님께서 그런 은사를 부어서 세워주신 만큼, 성경을 연구하고 가르치는 일에 최선을 다하고 있으리라 생각합니다.

전임 사역자로서 주님과 성도들을 섬기고자 하는 신학생들이 성경적, 신학적, 목회적, 사역적 준비를 위해 신학교에 입학하여 당신의 강의를 듣습니다. 신학생들은 장차 목회와 신학, 선교의 현장에서 많은 사람에게 영향을 끼치며 하나님 나라를 세워 갈 일꾼들입니다. 이러한 이들을 가르치는 선생이 되었으니, 성삼위 하나님을 경외하는 마음으로 성경을 깊이 연구하고 경험하여, 학문과 영성과 성품과 삶으로 평생 살아 있을 가르침을 주길 당부합니다.

신학교를 졸업한 후 목회, 선교, 사역 분야에서 풀타임으로 주님을 섬기는 분들도 생각합니다. 신학교에 다닐 때만큼 신학 공부에 많은 시간을 할애하지는 못하겠지만, 늘 성경을 가르치고 설교하는 사역을 지속하고 있으니, 이는 참으로 중요한 사역을 부여 받은 것이라 할 수 있습니다. 신학교를 졸업한 후에도 계속 신학적 주제에 관심을 가지며, 신학 책들을 구입하여 읽고 가르치고 계시리라 믿습니다.

신학생이나 신학자나 목회자는 성경을 연구하는 사람입니다. 당신이 공부하고 가르칠 가장 중요한 일차 자료는 성경입니다. 성경이 하나님의 말씀임을 인정하는 확실한 신앙고백의 바탕 위에서 신학을 연구해야 합니다. 성경은 신학 연구의 유일한 기초 자료이고, 다른 학자들의 견해를 담은 책들은 참고 자료일 뿐입니다. 학자들의 책에 빠지기보다, 먼저 성경에 더 충실해야 합니다.

성령님의 조명 아래 성경 전체는 물론, 구약과 신약과 각 권의 큰 그림을 파악해야 합니다. 성경에 정통하십시오. 그렇지 않으면 학자들의 학설의 강점과 약점을 분별하기가 힘들어집니다. 그러다 보면 성경이 무엇을 말하는지보다 학자들의 견해를 그대로 받아들이는 오류를 범하기 쉽습니다. 성경의 넓은 숲을 먼저 보고 나무를 볼 수 있어야 하며, 성경의 자료를 균형 있게 사용하여 치우침 없이 연구하기 바랍니다. 신학뿐 아니라 실천과 신앙의 영역에서도 균형을 잡으십시오.

이 편지의 3-6장에서는 성경의 숲을 먼저 보고 본문의 나무를 보는 것이 무엇인지, 교리나 학설보다 진리를 수호하는 것이 무엇인지, 다른 사람의 학설에도 귀를 기울여 균형 잡힌 신학을 하는 것이 무엇인지를 나의 신학을 예로 들어 설명했습니다. 몇 편의 신학 강의가 될 수도 있겠지만, 신학 공부의 원리를 배우는 데 도움이 되길 바랍니다.

    신학도의 길에 들어선 당신의 삶과 사역을 통해 많은 사람이 진실하고 열정적인 주님의 일꾼으로 세워지며, 하나님 나라가 확장되길 축복합니다.

사도 바울 드림

# 1

행하고
가르치는
　　　　신학도가
　　　　되십시오

𝔓⁵²(요 18:31-33[앞면], 18:37-38[뒷면]), 100-150년, 맨체스터대학교 존 라이랜즈 도서관 소장 © 위키피디아

𝔓⁵²는 작은 조각이지만, 지금까지 발견된 성경 파피루스 가운데 가장 오래된 것으로, 그 가치가 매우 높습니다. 파피루스는 나일강 강둑에서 자라던 갈대의 줄기를 얇게 압착하여 말린 고대의 종이 대용품입니다. 신약성경이 적힌 파피루스는 1898년 이집트의 옥시린쿠스에서 처음 발견되었으며, 20세기부터 고대 문서들이 발굴되고 거래되면서 세상에 알려지게 되었습니다.

이번 책에서는 신약의 본문이 기록된 파피루스 사진들을 소개하며, 성경의 정확도를 증명해 주는 이 낡고 작은 자료들의 소중한 가치를 알리고자 합니다.

| 마 5:19 |

그러므로 누구든지 이 계명 중의 지극히 작은 것 하나라도 버리고 또 그같이 사람을 가르치는 자는 천국에서 지극히 작다 일컬음을 받을 것이요 누구든지 이를 행하며 가르치는 자는 천국에서 크다 일컬음을 받으리라

        기독교에는 성령의 감동으로 기록된 성경이 있습니다. 이 경전을 통하여 우리는 창조주이며 유일신이신 하나님의 존재와 성품, 비전과 가르침 그리고 일하시는 원리를 배우게 됩니다. 이것이 곧 신학의 영역입니다. 더 나아가 기독교는 하나님을 예배하고 연구하는 데서 멈추지 않고, 그분의 가르침과 성품을 본받아 살아가는 삶의 실천을 중요하게 여기는 종교입니다. 기독

교는 관념의 종교나 강의만의 종교가 아니며, 그렇게 되어서도 안 됩니다.

그럼에도 불구하고 서구 교회는 이성주의와 계몽주의 시대를 지나며 복음의 현장성을 망각하고 말았습니다. 신학을 '과학의 여왕'(the queen of sciences)이라 부르며 과학적으로 연구하는 학문으로 인식하게 되었고, 그 결과 성경의 권위를 부인하는 자유신학이 생겨났으며, 서구 교회는 급격히 쇠퇴하기 시작했습니다. 이러한 학문적 경향이 책과 유학한 학자들을 통해 세계 곳곳으로 뻗어 간 것은 안타까운 일입니다. 이 과정에서 실천과 신앙의 중요성을 제대로 강조하지 못하게 되었습니다. 그러나 기독교는 창조주 하나님과 복음의 진리를 가지고 있기에, 하나님의 가르침을 따르고 행할 때마다 다시 부흥과 성장을 경험해 왔습니다.

## 행하고 가르치는 신학도

예수님은 교육보다 모본적 실천을 우선하셨습니

다. 누가는 "예수께서 행하시며 가르치"신 것을 기록했고(행 1:1), 사도 요한도 "[예수께서 행하신 것을] 보고 [가르치신 것을] 들은 바를" 쓴다고 적었습니다(요일 1:3). 두 사람 다 예수님의 행하심(실천적 삶)을 가르치심(교육과 훈련)보다 먼저 언급했다는 사실을 간과해서는 안 됩니다.

예수님은 당신이 먼저 많이 기도한 후에 제자들에게 기도를 가르쳐 주셨습니다. 전도도, 겸손의 모본도 마찬가지였습니다. 신학적 이해를 한 몸에 지닌 예수님조차도 신학에 부합하는 실천의 삶을 먼저 사셨습니다. 이렇듯 신학과 실천은 분리될 수 없으며, 순서적으로도 실천이 먼저 와야 합니다.

나 또한 상아탑에 머문 신학자가 아니었습니다. 내가 성도들에게 가르쳤던 복음의 진리, 복음과 율법의 관계, 유대인과 이방인의 동등성, 믿음으로 얻는 구원의 도리 등은 대부분 전도와 목회 현장에서 나온 것이었습니다. 모두 발로 뛰며 부딪힌 신학적 이슈들을 묵상하고 계시를 받아서 제시한 것들입니다.

신학적 확신과 신앙적 열정에서 선교를 시작했고, 선교하면서 얻은 관점과 경험으로 신학을 형성하고 발전시켰습니다. 개척한 교회들과의 대화를 통해 신학을 표현했습니다. 거짓 가르침으로 혼란을 겪는 교회들을 보호하고 성도들에게 바른 가르침을 주기 위해 편지를 썼습니다. 그것들은 신학적 이론으로 쓴 것이 아니라, 모두 성도들의 삶에 적용할 수 있는 것이었습니다. 나의 신학은 삶과 사역에 직결되어 있었습니다.

그런데도 이런 사역 현장을 고려하지 않고 학문적으로만 바울서신을 해석하려는 신학도가 많았습니다. 마치 내가 예루살렘 도서관에서 책만 읽고 연구하여 바울서신을 저술한 것처럼 오해하며, 학문적으로만 풀어보려 합니다. 그런 자세로는 나의 신학은 물론 성경의 신학을 연구하고 가르치는 데 한계가 있을 수밖에 없습니다.

신약성경은 선교하는 중에, 선교를 위해 쓰인 책임을 명심하고 연구해야 합니다. 예수님의 가르침과 행적을 기록한 사복음서는 기본적으로 예수님을 알고 믿게 하기 위한 복음 전도 문서였습니다(요 20:31). 사도행전은 예수 복음이 예루살렘에서부터 땅끝까지 퍼져 나간 선교의 이야기를 담은 기록입니다. 또한 나의 서신들은 전도로 개척된 교회들이 당면한 문제들을 해결하고, 거짓 선생들의 훼방으로부터 교회들을 보호하기 위해 쓴 목회 편지입니다. 핍박으로 인해 충분히 가르치지 못하고 떠나야 했기에, 복음과 삶에 대한 추가적 가르침을 담은 양육의 편지였습니다. 그러므로 신약성경은 선교적 관점에서 읽고 해석해야 합니다.

정교한 신학 문서로 알려진 로마서도 단순히 신학책으로만 연구하는 데 그쳐서는 안 됩니다. 나는 이방인의 사도라는 철저한 자아 인식 속에서, 그리스도 안에서 이방인과 유대인이 동등함을 논증했습니다. 로마교회의 연합과 성장, 성숙을 위해 사명을 가지고 논지를 전개했습니다. 이방인을 향한 나의 선교적 사명감과 구령의 열정에 대한 이해가 없이는 로마서 본문과 그 안에 흐르는 신학의 맥을 제대로 볼 수 없을 것입니다.

내가 이신칭의를 신학적으로 서술한 신학자이면서도, 동시에 영혼들을 찾아가 그리스도의 생명의 복음을 간절한 심정으로 전하여 믿음으로 의롭게 되는 것을 실제로 경험하게 해 준 현장의 전도자였다는 것을 잊지 말기 바랍니다. 로마서를 읽고 전도와 선교로 이어지지 않는다면, 로마서를 제대로 이해했다고 할 수 없습니다.

　나는 신학자의 역할을 감당했지만, 나의 정체성을 신학자로 생각하지 않았습니다. 오히려 복음 전도자로서의 철저한 자아 인식을 가졌습니다. 모든 믿는 자에게 구원을 주시는 하나님의 능력인 복음을 부끄러워하지 않고, 빚진 자의 심정으로 누구에게든지 복음을 전하며 살았습니다.

　특히 이방인들이 복음을 듣고 예수님을 믿을 때, 그들에게 구원의 은총과 증거가 임하는 것을 수없이 경험했습니다. 구원의 대상과 조건에는 차별이 없었습니다. 이런 경험을 바탕으로, 유대인이나 이방인이나 인종적 구분 없이 주의 이름을 부르는 자는 모두 구원을 받는다는 사실을 확인했습니다. 그러나 복음을 전하는 자가 없으면 들을 수 없고, 듣지 않으면 믿을 수 없고, 믿지 않으면 주의 이름을 부를 수도, 구원을 받을 수도 없다는 것을 경험했습니다. 그래서 나부터 열심히 전하려 애썼습니다.

　복음이 전해지지 않은 곳에 가서 전도하려는 개척자 정신을 가지고 있었기에, 나는 길리기아, 수리아, 구브로, 갈라디아, 마게도냐, 아가야, 아시아, 일루리곤까지 찾아가 복음을 전했습니다. 로마와 스페인까지 가서도 복음을 전하고 싶었습니다. 이방인의 사도로서 이방인에게 복음을 전했지만, 어떻게 해서든지 유대인도 구원하고자 최선을 다했습니다.

## 경험으로 확정된 신학

이렇듯 나의 신학은 선교 경험과 깊이 연결되어 있습니다. 예수님이 하나님의 아들이며 메시아이시고, 그분의 대속의 죽음과 부활을 믿는 사람은 누구든지 구원을 받을 수 있다는 신학적 이해에서 출발하여 전도자의 삶을 시작했습니다. 처음에는 유대인들에게 찾아가 복음을 전했지만, 대다수의 유대인이 극렬하게 복음을 배척하고 선교사들을 핍박하는 것을 경험하면서 이방인들에게로 나아가게 되었습니다. 하나님께서 그렇게 섭리하셨습니다(롬 11:11-12, 31). 하나님의 선택과 언약 밖에 있던 이방인들이 복음을 듣고 예수님을 믿는 모습을 보면서, 하나님은 모든 사람이 구원을 받으며 진리를 아는데 이르기를 원하신다는 사실을 절감하게 되었습니다(딤전 2:4).

후에 유대주의자들이 이방 성도들도 할례를 받고 율법을 지켜야 온전히 구원을 받을 수 있다고 주장했을 때 내가 그 주장을 반박할 수 있었던 것은, 선교 현장에서 이방인들이 할례와 율법을 지키지 않았음에도 믿음만으로 구원받는 증거를 수없이 확인했기 때문입니다. 선교 사역 중에 얻은 경험과 관점으로 율법을 재해석할 수 있었습니다.

예루살렘교회의 지도자들도 경험을 통해 신학적 이해를 넓혀 갔습니다. 베드로가 고넬료에게 복음을 전하면서 얻은 경험을 바탕으로, "그러면 하나님께서 이방인에게도 생명 얻는 회개를 주셨도다"라고 말하며 이방인의 구원을 받아들였습니다(행 11:18). 고넬료의 구원 경험이 이방인도 구원받을 수 있다는 신학적 이해와 결론을 도출해 낸 것입니다. 이것이 이방 선교가 가능하다는 신학적 공감이 이루어진 첫 번째 사례였습니다.

예루살렘 공회의 결정도 베드로의 고넬료 경험(행

15:6-11)과 바나바와 내가 1차 선교 여행에서 얻은 경험을 근거로 확정되었습니다. 나의 이방인 선교 결과를 듣고 하나님께서 주신 은혜를 본 후에, 사도들은 내가 이방 사역에 전념할 것을 인정해 주었습니다(갈 2:7, 9; 행 15:12). 이렇듯 초대 교회의 신학은 성령께서 인도하신 전도 사역을 따라 조금씩 형성되어 갔습니다.

당신도 삶의 현장 속에서 지속적으로 전도하는 신학도가 되길 바랍니다. 당신의 신학 작업 또한 영혼들과 교류하는 현장에서 더 큰 생명력을 얻게 될 것이며, 삶과 전도의 현장에서 성경과 신학을 바라보는 통찰력도 더욱 풍성해질 것입니다. 가르치는 것과 행동하는 것이 일치한다면, 당신의 가르침에 생명이 부어질 것입니다(고후 10:11).

가르치는 자들이 명심해야 할 예수님의 말씀이 있습니다.

그러므로 누구든지 이 계명 중의 지극히 작은 것 하나라도 버리고 또 그같이 사람을 가르치는 자는 천국에서 지극히 작다 일컬음을 받을 것이요 누구든지 이를 행하며 가르치는 자는 천국에서 크다 일컬음을 받으리라 (마 5:19).

여기 등장하는 두 사람의 공통점은 모두 가르치는 선생이라는 것입니다. 그러나 차이점은, 한 사람은 행하지 않고 가르치고, 다른 사람은 행하고 가르친다는 점입니다. 그 결과, 한 사람은 천국에서 가장 작은 자로, 다른 사람은 가장 큰 자로 인식됩니다.

당신은 이미 가르치는 자리에 있습니다. 당신이 가르치는 바를 먼저 행하고 그다음에 가르치는 것과 가르치기만 하는 것의 차이는 엄청납니다. 신학교 교수나 목회자처럼 가르치는 것이 일상인 사람들에게 주시는 결정적 조언이자 경고가 아닐 수 없습니다. 신학 교수는 강의 노트에 있는 지식만 전달하는 사람이 아닙니다. 헌신된 목회자와 신학자를 길러 내는 사명을 부여받은 사람입니다. 당신이 먼저 행하여 경험한 것을 가르침으로써, 그 살아 있는 지식과 학문이 신학생들의 삶을 변화시키게 되길 축복합니다.

# 교회와 성도에게 유익을 주는 신학

　　신학은 신학생들의 신앙 성장과 실천을 위한 학문이어야 하며, 교회와 성도들에게도 신앙의 유익을 주는 학문이어야 합니다. 학문의 세계 안에서 학자들만 관심을 갖거나 알아들을 수 있는 내용만을 다루어서는 안 됩니다. 이런 의미에서 신학교 교수가 목회나 사역의 경험을 가지는 것은 매우 중요하며, 더 바람직한 것은 정기적으로 전도하는 삶을 사는 것입니다.

　　예수님은 모여든 무리를 대상으로 가르치셨습니다. 그들은 교육을 제대로 받지 못한 지극히 평범한 사람들이었습니다. 그러나 그들은 예수님의 가르침을 대부분 이해했습니다(마 7:28-29). 내가 쓴 편지들에도 신학적 내용이 담겨 있지만, 학문적으로만 다루어야 할 내용이 아닙니다. 나는 그 편지를 듣고 읽을 사람들이 대부분 평범한 초신자이고, 교육도 제대로 받지 못한 사람이라는 것을 알고 편지를 썼습니다.

　　로마서는 어려운 책이 아닙니다. 뵈뵈 자매로부터 로마서를 전달받은 장로들은 먼저 그 내용을 읽어 본 후,

성도들을 모아 로마서를 읽어 주었을 것입니다. 하인, 노예, 문맹인을 포함한 많은 성도가 조용히 말씀을 들었을 것입니다. 그들 각자의 손에 로마서가 들려 있는 것도 아니었습니다. 그럼에도 성도들은 로마서의 말씀을 이해했고, 감동을 받았으며, 결단하고 실천했습니다. 고린도교회에도 "육체를 따라 지혜로운 자가 많지 아니하며 능한 자가 많지 아니하며 문벌 좋은 자가 많지 아니하"였습니다(고전 1:26). 지극히 평범한 성도들이 주류를 이루었지만, 그들은 내 편지를 이해하고 실천에 옮겼습니다. 오히려 내 서신을 어려운 책으로 인식하게 만든 데에는 학자들의 책임이 크다고 생각합니다.

기독론만 해도 그렇습니다. 오랫동안 예수님의 인성과 신성 중 무엇이 더 중요한가, 혹은 예수가 역사적으로 실재했는가 하는 주제가 학자들의 세계에서만 논의되는 경우가 많았습니다. 그 결과 성도들은 이해하기 어려워했고, 오히려 혼란만 가중시킨 경우가 많았습니다. 그러나 나는 기독론, 구원론, 교회론, 종말론, 성령론, 신론 같은 신학 주제를 지극히 평범한 초신자들도 이해할 수 있도록 편지로 설명했다는 점을 유념하십시오. 이러한 주제에 거창한 신학적 용어를 붙여 성도들을 주눅 들게 하지 않았다는 점도 기억하십시오.

신학의 학문적 자유와 노력은 성경이 하나님의 말씀임을 인정하는 데서 출발해야 합니다. 성경 66권이 하나님의 경전임을 증거한 학자들의 논지를 수용하고, 2천 년 기독교 역사의 전통을 이어받아야 합니다.

서로 다른 가르침이나 입장이 보이면, 그 문맥과 배경을 이해하여 그 차이가 생긴 이유를 찾아보고, 상호 연결성과 보완성을 발견하려는 노력을 기울여야 합니다. 이러한 전제와 범위가 지켜지지 않으면, 사도행전의 바울이 서신을 쓴 진짜 바울이 아니라는 주장처럼, 성경이 전혀 의도하지 않은 학설이 제기되어 성도들에게 불필요한 의구심과 해(害)를 유발할 수 있습니다.

신학자들은 학문적 유희(academic games)를 지양하고, 복음의 진보와 세계 전파에 공헌하는 삶을 살아야 합니다. 신학을 연구하는 사람들은 선교적 관점을 가지고 학문에 임해야 하고, 선교하는 사람들은 신학적 기초 위에서 사역해야 합니다. 신학 없는 선교나 선교적 목표 없는 신학은 모두 지양되어야 합니다.

의과대학 교수가 병든 환자를 치료하지 않으면서 의대생을 가르칠 수 없는 것처럼, 신학대학 교수가 병든 영혼을 고치지 않으면서 신학생을 가르치는 것은 무언가 잘못된 일입니다. 신학은 의학이나 경영학처럼 학문으로만 끝날 수 없습니다. 반드시 적용이 가능하고, 실천이 뒤따라야 합니다. 실천에서 얻은 관점과 경험으로 통찰력을 얻어, 성경을 새로이 깨달으며 신학을 발전시켜야 합니다. 따라서 신학교에서는 목회와 선교 현장에서 실제로 사용할 수 있는 것을 가르쳐야 합니다. 학문과 지식 전달에 그쳐서는 안 됩니다. 다시 권면하거니와, 행하고 가르치고, 가르친 바를 행하십시오.

# 2

# 신학과 실천과 신앙의 균형을 잡으십시오

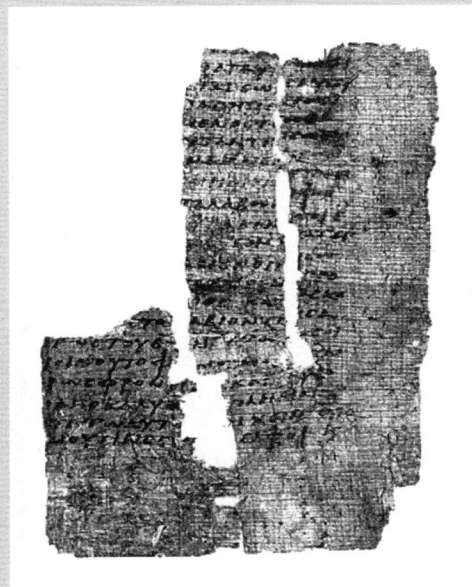

𝔓¹⁶(빌 3:10-17, 4:2-8) 3세기 말, 이집트 박물관 소장 © 위키피디아

-
초대 교회 성도들은 사도 바울의 신학적 통찰과 실제적인 삶의 조언을 높이 평가했기에, 그의 서신을 반복해서 읽고 여러 지역 교회에 회람시켰습니다. 바울 역시 자신의 편지를 다른 교회들과 나누어 읽으라고 당부했습니다(골 4:15-16 참고). 이렇게 회람되며 다양한 지역으로 전달된 바울서신들은 시간이 흐르면서 수집되고, 결국 신약성경의 일부로 정경화되었습니다. 만일 사본이 만들어지지 않고 각 서신의 원본들만 존재했더라면, 바울서신이 보존되거나 모아지기는 훨씬 어려웠을 것입니다.

| 빌 4:9 |

너희는 내게 배우고 받고 듣고 본 바를 행하라 그리하면 평강의 하나님이 너희와 함께 계시리라

예수님께서 행하며 가르치신 것을 본받아, 모든 그리스도인은 삶으로 영향을 끼쳐야 합니다. 특히 신학도들은 더욱 그렇습니다. 나 또한 신학적 확신과 신앙적 열심에서 선교 사역을 감당했고, 선교하면서 얻은 관점과 경험을 바탕으로 개척된 교회들을 목회적으로 돌보려는 의도로 신학을 설명하고 발전시켰습니다. 또한, 개척한 교회와의 대화를 통해 나의 신학을 표

현했습니다. 나의 신학은 결코 학문으로만 끝나지 않았고, 학문을 위한 학문으로 시작하지도 않았습니다.

내가 신학과 신앙을 별개로 다루지 않았을 때 실천이라는 열매가 따라왔습니다. 신학적 확신을 실천적 삶의 영역에 연결시켰기 때문입니다. 그래서 자연히 전도하고 목회하지 않을 수 없었습니다. 이신칭의의 신학을 말할 뿐 아니라, 실제로 영혼을 찾아가 지속적으로 전도하는 삶을 살았습니다.

## 지역 교회, 신학교, 선교 단체

교회에는 크게 세 가지 기관이 있습니다. 지역 교회, 신학교, 선교 단체가 그것입니다. 이들은 서로 연결되어 있습니다. 예배, 교육, 봉사의 공동체인 지역 교회에서 신학생과 선교사들이 배출됩니다. 신학교는 성경과 신학을 깊이 연구하고 진리를 수호하며, 바른 신학과 훈련된 일꾼들을 지역 교회와 선교 단체에 공급합니다. 선교 단체는 지역 교회의 인적·재정적 지원을 받아 복음을 전파하는 일에 주력하며, 지역 교회와 동역하여 지상 명령을 수행합니다.

이 세 기관은 상호 의존적이며 상호 보완적이어야 합니다. 내가 선교사, 목회자, 신학자의 역할을 필요에 따라 거의 동시에 감당했던 것을 보면, 이 세 기관의 공존과 협력이 얼마나 필요한지, 또 그것이 충분히 가능하다는 것을 알 수 있을 것입니다.

지역 교회와 선교 단체는 신학생들에게 목회와 선교를 체험할 수 있는 현장을 제공해야 하며, 신학교는 지역 교회와 선교 사역의 성장과 성숙에 도움이 되는 신학으로 섬겨야 합니다. 서로의 부족함을 인정하고, 다른 기관의 도움을 구할 수 있어야 합니다. 2-4년의 신학 교육만으로 온전한 목회자와 선교사를 길러 낼 수 없음을 인정하고, 목회와 선교 현장에서도 계속 훈련과 교육이 이루어지게 해야 합니다.

신학교의 일차적 사명은 좋은 신학자와 목회자, 선교사를 배출하는 것입니다. 언제 어디서나 누구를 위해서든 희생적으로 섬기며 복음을 전할 전임 사역자를 길러 내는 것이 신학교와 신학자들의 사명입니다. 신학교는 학문 훈련 못지않게 목회와 전도의 실천을 강조해야 하며, 신학생들의 성품을 함양하는 커리큘럼으로 예수님의 제자들을 길러 내는 일에 주력해야 합니다.

기독교가 강의의 종교로 전락하지 않고 실천의 종교가 되도록 유념해야 합니다. 신학은 학문적 지식의 전달에만 주력해서는 안 됩니다. 따라서 신학교는 의식적으로 신학생들의 영성과 성품을 함양하려고 노력하고, 성도와 교회 그리고 신학에 생명을 불어넣을 방도를 찾아야 합니다.

## 균형 잡힌 신학교 커리큘럼

신학교는 성경과 신학을 가르치는 기관인 만큼, 탁월하게 지식과 관점의 폭을 넓혀 주는 교육을 실시해야 합니다. 그리고 성령의 조명 아래 스스로 공부하는 방법까지 가르쳐야 합니다. 다니엘과 세 친구에게 학문과 모든 서적을 깨달을 수 있는 지혜를 주신 분은 하나님이었습니다(단 1:17). 솔로몬에게 지혜와 총명을 심히 많이 주신 분도 하나님이었습니다(왕상 4:29). 그러므로 신학도는 성경을 연구하고 분석하며 해석할 때, 주님을 향한 경외심을 가지고 지혜와 통찰력을 구해야 합니다.

하지만 신학교가 신학 교육에만 지나치게 편중되어도 안 됩니다. 지성과 지식을 과도하게 추구하다가, 실천과 신앙의 요소들을 등한히 하여 전인적인 사역자를 준비시키지 못하는 경우가 종종 있습니다 신학을 학문적으로만 연구하려는 상아탑의 벽은 너무도 높은 것이 현실입니다. 서양의 경우가 특히 그러한데, 수백 년 동안 자리 잡은 신학 교육 방식에 안주하고 있으니 안타깝습니다.

현대에는 신학을 과학적, 비판적, 학문적 사고로만 연구하려는 경향이 있습니다. 이런 과정에서 성경에 온갖 비평을 가하고 해부하여 자유주의 신학이 뿌리내리게 되었습니다. 신약성경은 현대 신학자들의 학문적 유희(academic games)를 위해 쓰인 것이 아닙니다. 그들의 관심사나 궁금증을 풀어 주기 위해 쓰인 것도 아닙니다. 내가 쓴 서신을 포함하여 신약성경 전체는 선교를 하는 중에, 선교를 위하여 쓰인 것입니다. 그러므로 이러한 실천적·사역적 관점을 충분히 고려하지 않는다면, 바울 서신은 물론 신약성경 전체를 온전히 이해할 수 없을 것입니다. 현대 서구 교회는 자유주의 신학자들의 영향을 많이 받았지만, 올바른 신학을 회복하려면 신약성경 기자들의 신학적 사고와 삶의 정신으로 돌아가야 합니다. 기본적으로 성경을 하나님의 경전으로 인정하고 경외하는 바탕 위에서 신학 연구가 출발해야 합니다.

신학교는 주님의 사역을 전임으로 섬길 일꾼을 양성하는 전문 기관인 만큼, 신학과 실천과 신앙이 균형 잡힌 교육을 제공해야 합니다. 여기서 말하는 신앙은 영성과 성품을 포함합니다. 영성과 성품을 점수로 매기기 어렵다는 이유로 이 분야의 훈련의 중요성을 간과해서는 안 됩니다. 영성과 성품은 주님의 종이 반드시 갖추어야 할 절대적인 요소입니다. 영성은 예수님을 더 깊이 알고 교감하는 것이고, 성품은 그분의 인격을 닮아 가는 것입니다.

하지만 현대 신학 교육에서 이 신앙 훈련은 점점 사라져 가고 있습니다. 이제 이 분야를 강화할 커리큘럼 재조정이 불가피합니다. 전문 지식은 물론 영성과 성품을 갖추고 실무에도 탁월한 교수들을 확보하여 전인적이고 실무적인 훈련을 시켜야 합니다. 신학교의 경영진과 교수진은 이러한 관점을 가지고 신학교 운영에 혁신적인 변화(paradigm shift)를 모색해야 합니다.

무엇보다 먼저, 신학교 교수 자신이 학문과 신앙과 실천의 조화로운 삶을 살아야 합니다. 학문은 하나님이 주신 은사이므로, 그 은사를 통해 주님과 교회를 섬겨야 합니다. 신학자는 영성과 성품으로 형성된 깊은 신앙을 지녀야 합니다. 주님과 긴밀하게 동행하면서, 주님의 지혜와 통찰력을 구해야 합니다.

의과대학이 인품과 의술이 훌륭한 좋은 의사를 많이 길러 내어 병원에 공급해야 하는 것처럼, 신학교도 인품과 복음에 충실한 주님의 일꾼을 길러 내어 교회에 공급해야 합니다. 그리하여 영적·육신적 필요를 가진 사람들을 섬길 전문적인 주님의 종들을 세워야 합니다. 예수님의 교육은 보여 주며 가르치는 도제식 제자 훈련이었습니다. 시범, 강의, 실습, 재생산의 과정으로 훈련시키셨습니다. 현대 신학 교육은 주로 강의를 통한 지식 전달에 그치고 있습니다. 학생 수가 많아 불가피한 면도 있지만, 최대한 도제식으로 하려는 노력이 필요합니다.

전도하는 신학자들과 신학 교수들이 필요합니다. 신학생들이 그 모습을 보고 배울 것입니다. 현대 교회는 그 어느 때보다 전도와 교회 성장, 교회 개척 훈련을 필요로 하고 있습니다. 성경적이고 복음적인 신학을 가르침과 동시에, 실천과 영성을 균형 있게 강조하여, 주의 종들을 목회와 전도와 제자 훈련까지 감당할 수 있는 일꾼으로 길러 주길 당부합니다.

신학교 교수는 신학자이기 전에 예수님의 제자임을 명심해야 합니다. 주님이 주신 은사와 재능을 따라, 성경과 기독교 전반에 걸친 학문에 종사하는 중책을 부여 받았습니다. 그러므로 신학자는 연구와 교육을 단순한 직업으로 생각해서는 안 됩니다. 소명으로 알고, 지식과 학문을 통해 주님을 섬기고 교회를 강건하게 하기 위해 최선을 다해야 합니다. 신앙과 실천에서 나오지 않았거나, 성품과 영성을 향상시키지 못하는 학문은 기독교를 지식의 종교, 강의의 종교로 전락시킬 뿐입니다. 신앙과 실천의 삶을 살면서, 신학을 연구하고 가르치기를 축복합니다.

신학생들에게도 도전하고 싶습니다. 교회 개척을 꿈꾸십시오! "내가 내 교회를 세우리라" 하신 주님을 의지하여, 그분이 기뻐하시는 일을 향한 거룩한 비전과 야망을 가져 보십시오. 예수님께서 함께하며 도와주실 것입니다. 수많은 교회가 문을 닫아 가는 것을 보면서 하나님의 마음이 얼마나 아프시겠습니까? 누구든지 "실추되어 가는 주님의 이름의 명예를 회복하기 위해 교회 문을 하나라도 더 열고 싶습니다" 하고 달려든다면, 주님은 반드시 도우실 것입니다. 다른 교회가 당신을 '고용'하여 사역의 기회를 주기만을 기다리지 말고, 스스로를 '고용'하여 전도, 상담, 설교, 양육 등 사역의 기회를 만들어 보십시오. 교회를 개척하여 목회해 보라는 말입니다.

돌아보면, 내 삶은 전도와 교회 개척으로 축복을 받았습니다. 주님의 은혜로 모두 전도로 개척하고 전도로 성장시켰습니다. 그 과정에서 엄청난 핍박을 감수해야 했지만, 전도와 개척을 통해 하나님의 경륜을 체험하게 되었고, 성도들과 교제하는 축복을 누렸으며, 영원으로 이어지는 사역에 참여했습니다. 하나님과 함께 모험을 시작해 보십시오. 이 걸음은 앞날이 보장된 모험입니다. 하나님이 기뻐하시는 일이기에, 반드시 함께하며 도우실 것입니다!

## 원리에 따라와야 하는 삶

성경을 가르칠 때는 진리와 원리뿐 아니라 삶도 반드시 강조하십시오. 내가 서신을 쓴 패턴을 눈여겨보기 바랍니다. 로마서 1-11장에서는 의롭게 되는 원리와 유대인과 이방인의 동등성에 대한 신학적 원리를 상세히 논증했습니다. 이 파트에서는 어떻게 살아야 하는지에 대해서는 거의 쓰지 않았습니다. 대신 12-16장에서는 삶에서 적용해야 할 조언들을 모아 적었습니다.

그러므로 형제들아 내가 하나님의 모든 자비하심으로 너희를 권하노니 너희 몸을 하나님이 기뻐하시는 거룩한 산 제물로 드리라 이는 너희가 드릴 영적 예배니라 너희는 이 세대를 본받지 말고 오직 마음을 새롭게 함으로 변화를 받아 하나님의 선하시고 기뻐하시고 온전하신 뜻이 무엇인지 분별하도록 하라(롬 12:1-2).

로마서 후반부를 시작하며, 성도들이 자신을 하나님이 기뻐하시는 거룩한 산 제물로 드릴 것과 시대정신을 따르지 말고 하나님 중심으로 변화된 삶을 살 것을 권면했습니다. 이 핵심적인 서론을 시작으로, 정교한 신학 문서로 알려진 로마서에서도 그리스도인으로서 살아야 할 구체적 삶을 상세히 기록했습니다.

이런 패턴은 에베소서와 골로새서에서도 마찬가지입니다. 에베소서 1-3장에서는 이방인과 유대인이 예수 안에서 한 새사람을 이루어 교회 공동체로 함께 부름받았음을 신학적으로 설명했습니다. 구원받은 성도들도 복음을 다시 듣고 확신하는 일에 더욱 거해야 하며, 성도의 삶은 진리와 원리에 기반을 두어야 하기 때문입니다.

이어서 에베소서 4-6장에서는 "그러므로 … 너희가 부르심을 받은 일에 합당하게 행하여"(엡 4:1)라는 권면으로 시작하여 변화된 삶을 살아야 할 덕목들을 열거했습니다. 사랑과 연합, 겸손과 온유, 오래 참음과 용납을 실천하라고 권면했습니다. 또 몸이 하나요, 성령도 한 분이시며, 부르심의 소망도 하나요, 주도 한 분이시며, 믿음도 하나요, 세례도 하나요, 하나님도 한 분이시고, 성령이 하나 되게 하셨으므로 평강 가운데 연합을 힘써 지키라고 독려했습니다(엡 4:1-6). 그 외에도 4-6장에서 삶으로 실천해야 할 여러 영역을 다루었습니다.

골로새서도 마찬가지입니다. 1-2장에서 교리 부분을 상술한 후, 3-4장에서는 삶의 영역을 강조했습니다. 진리와 삶을 구분하여 적은 것과 그 순서에 유념하기 바랍니다. 진리와 삶은 연결되어야 하며, 진리를 우선으로 하되 삶이 반드시 따라와야 한다고 강조한 것입니다. 그렇지 않으면 기독교는 도덕과 윤리의 종교로 전락할 위험이 있으니 늘 조심해야 합니다.

복음과 삶은 모두 중요하지만, 순서는 복음이 먼저입니다. 믿음과 행위가 일치되어야 하지만, 믿음이 우선적인 바탕입니다. 내가 이렇게 구성한 것을 유념하여, 당신의 신학 작업과 신앙생활에 반영해 주길 바랍니다.

신학은 학문적 유희를 위한 것이 아니며, 학자들이 지성을 과시하는 영역도 아닙니다. 성도의 신앙과 삶, 교회의 발전과 유익을 위한 신학을 하십시오. 당신의 신학 연구와 삶, 성품과 영성이 신학생들과 성도들의 삶을 변화시키고 교회에 덕을 세우게 되기를 기도합니다.

# 3

성경의 숲을
먼저 보고

> 본문의 나무를
> 보십시오

𝔓⁴⁶의 일부, 175-225년, 더블린의 체스터 비티 박물관(56장)과 미시간대학교(30장) 소장 © 위키피디아

𝔓⁴⁶은 현존하는 바울서신 헬라어 사본 중 가장 오래된 것으로서, 가장 많은 바울서신을 담고 있을 뿐 아니라 보존 상태도 상당히 양호합니다. 이 사본에는 로마서 5-6장, 8-15장과 히브리서, 에베소서, 갈라디아서, 빌립보서, 골로새서 전문(全文), 고린도전서와 후서의 거의 모든 내용, 데살로니가전서 1-2장과 5장이 담겨 있습니다. 𝔓⁴⁶은 원래 하나의 책이었지만, 판매상이 이를 분리해서 판매하면서 1931년 체스터 비티와 미시간대학교가 나누어 소장하게 되었습니다. 낱장으로 기록되던 파피루스는 나중에 책처럼 묶은 코덱스(codex) 형식으로 발전해 양면에 기록되었습니다.

| 롬 1:1-2 |

예수 그리스도의 종 바울은 사도로 부르심을 받아 하나님의 복음을 위하여 택정함을 입었으니 이 복음은 하나님이 선지자들을 통하여 그의 아들에 관하여 성경에 미리 약속하신 것이라

현대 신학은 점점 세분화되어 가고 있습니다. 네다섯 성경 구절을 중심으로 박사학위 논문을 쓰는 경우도 많습니다. 이런 연구는 마치 나무 한두 그루를 세심히 살피는 것과 같습니다. 물론 이런 연구도 유익이 있지만, 이 장에서는 성경을 보다 폭넓고 바르게 이해하기 위해서는 숲에 해당하는 성경의 큰 그림과 배경을 먼저 살피고, 그다음 나무에 해당하는 세부적인 본

문을 연구해야 함을 강조하고자 합니다. 바울서신과 바울신학을 해석할 때 인지해야 할 큰 그림의 세 가지 요소를 예를 들면서 설명하고자 합니다.

## 선교 사역의 후속 편지

첫째, 바울서신은 나의 선교 사역의 후속 양육 편지라는 점을 인식해야 합니다. 성경을 많이 공부한 목회자들과 신학자들 중에도 내 서신을 오해하는 경우가 많습니다. 마치 카를 마르크스(Karl Marx)가 대영박물관 도서관에서 열심히 연구하여 《자본론》을 집필해 세계의 절반을 변화시킨 것처럼, 나도 예루살렘 도서관에서 열심히 연구하며 서신들을 써서 세계를 변화시킨 것으로 이해하고 해석하는 것입니다.

그러나 나는 도서관에서 공부하여 책을 쓴 사람이 아닙니다. 발로 뛰는 전도자였습니다. 바울서신은 단순히 나의 신학을 담은 책들이 아니라, 전도 사역의 후속 양육 편지였습니다. 이전에 대면하여 전했던 말씀을 전제로 편지를 썼고, 성도들도 전에 직접 들은 훨씬 많은 내용을 기억하며 편지를 읽고 이해했습니다. 그러므로 나의 사역 현장을 신학 해석에 충분히 참작하는 것은 반드시 필요합니다.

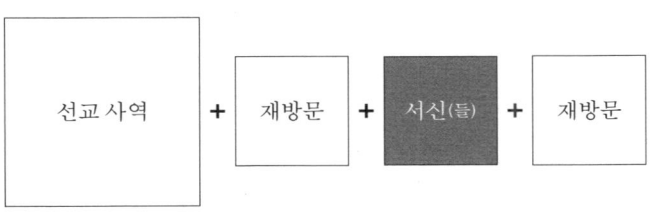

예를 들어, 고린도교회 성도들은 개척 당시 내가 일 년 반 동안 머물며 가르친 말씀들을 들었습니다(행 18:11). 만약 그 가르침을 모두 녹취하여 출판했다면 엄청난 분량의 책이 모아졌을 것입니다. 더 나아가, 나는 고린도에 네 차례 편지를 보냈습니다(고전 5:9, 16:8, 10; 고후 2:4). 이 중 두 번째와 네 번째 편지가 보존되어 지금의 고린도전서와 후서가 되었습니다. '고통의 방문'이라 불리는 짧은 2차 방문 중에도 가르쳤고, 고린도후서를 보낸 후 세

번째 방문에서는 석 달 동안 머무는 기간에도 가르쳤습니다. 고린도전·후서는 총 29장으로 많은 분량이지만, 대면하여 가르쳤던 분량은 이보다 훨씬 많았습니다.

에베소교회의 경우도 마찬가지입니다. 2차 선교 여행 끝 무렵 몇 주간 방문했고(행 18:19-21), 3차 선교 여행 중에는 삼 년 동안 머물며 가르쳤습니다. 특히 두란노 서원에서는 이 년간 거의 매일 강의했습니다. 이후에도 편지를 한번 보냈는데, 분실되었습니다(엡 3:3). 또한 에베소 장로들을 밀레도로 불러 간절한 마음으로 긴 시간 강론했습니다(행 20:17-38). 에베소서도 이런 배경과 사전 지식을 전제로 쓴 편지였습니다(엡 6:21-22).

갈라디아 교회들에게 보낸 편지도 마찬가지입니다. 1차 선교 여행 때 핍박으로 인해 한 도시에 오래 머물 수 없었음에도 불구하고 복음을 전하여 교회 공동체를 세우고 가르치는 데 많은 시간을 사용했습니다. 1차 선교 여행 중에도 되돌아오며 다시 가르쳤고, 2차와 3차 선교 여행 중에도 갈라디아 교회들을 다시 방문하여 교제하고 권면하며 가르쳤습니다.

유대주의자들이 갈라디아 교회들을 심하게 훼방하

고 있다는 소식을 듣고 단호한 마음으로 갈라디아서를 보내기 전에도, 이미 갈라디아 성도들에게 가르친 내용이 많았다는 사실을 인식하고 갈라디아서를 읽고 해석해야 합니다.

## 가장 중요한 메시지는

이런 사실에 주목한다면 한 가지 중요한 관점을 얻게 될 것입니다. 흔히 서신에 길게 기록된 주제가 나의 가르침 혹은 신학에서 중요한 내용이라고 생각하는 경우가 많은데, 오히려 그 반대라는 것입니다. 서신에 길게 기록된 주제는 오히려 선교 사역 기간에 그 내용을 거의, 혹은 전혀 가르치지 않았다는 것을 반증하기 때문입니다.

예를 들어, 바울서신 전체에서 가장 길게 기록된 단일 주제는 '죽은 성도의 부활'입니다. 고린도교회의 어떤 성도들은 죽은 성도가 부활한다, 다른 성도들은 아니라며 혼선이 생겼습니다. 그 소식을 전해 듣고 죽은 자의 부활은 당연히 있는 것이라고 길게 설명해 주었습니다(고전 15:12-58). 이는 내가 고린도에 머문 일 년 반 동안 이 주제를 다루지 않았다는 것을 의미합니다. 나중에 고린도후서에서는 아주 간단히 언급했는데(고후 4:14), 그것은 이미 고린도전서에서 자세히 설명했기 때문입니다.

데살로니가교회도 마찬가지였습니다. 사랑하는 성도들이 죽자 남은 성도들은 소망 없는 불신자들처럼 슬퍼했습니다. 그 소식을 듣고 나는 데살로니가교회에도 죽은 성도는 죽은 것이 아니라 자는 것이며 반드시 부활한다고 편지에 담아 보냈습니다(살전 4:13-18).

결혼을 해야 하는가(고전 7장), 우상에게 바쳐진 음식을 먹어도 되는가(고전 8, 10장), 성령의 은사와 교회 내에서의 적용(고전 12-14장) 등에 대한 내용도 마찬가지입니다. 고린도에 있었던 일 년 반 동안 이 주제들을 가르치지 않았기에 편지로 설명한 것입니다.

그렇다면 이제 중요한 질문을 던져야 합니다. 갈라디아서에서 힘주어 쓴, 율법을 지키지 않고 얻는 칭의에 대한 주제는 갈라디아 개척 선교와 재방문 때 가르쳤을까요, 아닐까요? 결론부터 말씀드리면, 가르치지 않았습니다. 만일 힘주어 가르쳤다면 성도들이 그렇게 속히 다른 복음을 따르지 않았을 것입니다.

초기에 가르치지 않은 이유는, 교회 개척 당시에는 이방 성도들이 율법을 지키고 할례를 행해야 하는가의 여부가 아직 이슈로 부상하지 않았기 때문입니다. 나 또한 율법과 할례를 지킬 필요가 없다고 굳이 언급할 필요를 느끼지 못했습니다. 성도들도 미리 배웠다면, 거짓 선생들의 가르침이 내 것과 다른 것을 알아차리고, 내게 연락을 하거나 좀 더 알아보려 했을 것입니다. 나 또한 왜 가르친 것을 잊고 그렇게 쉽게 속아 넘어갔느냐고 질책했을 것입니다. 성도들이 거짓 가르침에 그렇게 쉽게 넘어간 것은, 이 주제에 대해 이전에는 제대로 들어 본 적이 없었기 때문입니다.

갈라디아 지역에서 교회를 개척할 때 전한 말씀의 핵심은 예수님이 그리스도이시며, 그분의 대속의 죽음과 부활을 믿으면 죄를 용서받고 하나님 앞에서 의롭다 여김을 받는다는 복음이었습니다. 개척 당시에는 핍박을 피해 늘 쫓겨 다녔기 때문에 중요한 것부터 먼저 가르쳤습니다. 갈라디아 사람들은 이 메시지를 듣고 믿음으로 하나님의 자녀가 되었고, 비시디아 안디옥, 이고니온, 루스드라, 더베에 교회 공동체가 형성되었습니다.

그런데 나중에 갈라디아 성도들이 유대주의자들의 속임수에 넘어가 할례를 받고 유대 절기를 지킨다는 참담한 소식이 들려왔습니다(갈 1:6, 3:1-5, 4:10-11, 5:2-3). 그제야 나는 이 교회들에게, 내가 전한 예수 복음과 율법의 상관관계를 설명하며 율법과 할례는 지키지 말아야 한다고 단호하고 자세하게 설명하는 편지를 보냈습니다. 성도들을 잘못된 가르침에서 보호하고 바른 복음을 수호하기 위함이었습니다.

그렇다고 해서 내가 개척 당시 가르친 내용과 갈라디아서에 쓴 내용이 서로 다른 것은 아닙니다. 모두 믿음으로 의롭게 된다는 이신칭의를 전했습니다. 하지만 강조점이 달랐습니다. 개척 당시에는 예수님의 대속의 죽음과 부활을 강조하며 믿음으로 얻는 칭의를 전파했고, 편지에서는 '율법 없이'를 강조하며 의롭게 되는 칭의에 대해 논증했습니다.

## 믿음으로 얻은 구원의 충족성

두 번째로 유념해야 할 큰 요소는, 나의 후기 주요 서신들이 유대주의자들의 훼방을 받은 교회들을 지키기 위해, 이방인들이 믿음으로 얻은 구원이 충분하고 합법적이라는 것을 설명하기 위해 쓰였다는 점입니다.

선교 사역 초기에 교회들에게 서신을 보낸 것은, 해당 교회들이 직면한 상황을 해결해 주기 위함이었습니다. 2차 선교 여행 중 고린도에서 기록한 데살로니가전서는 디모데가 가져온 좋은 소식을 듣고 감사와 격려를 전하는 한편, 죽은 성도의 부활을 확신하지 못하는 데서 오는 혼선을 해소하고자 썼습니다. 데살로니가후서는 예수님의 재림의 시기에 대한 이해가 부족하여 게으르게 살아가는 사람이 많다는 상황을 염두에 두고 썼습니다. 이 두 편지에는 '믿음으로 얻는 의'나 '율법', '할례' 같은 단어들이 전혀 등장하지 않습니다. 아직 그것이 이슈가 되지 않았기 때문입니다.

고린도전서는 교회 안의 파당 문제, 근친상간이라는 심각한 범죄, 성령의 은사에 대한 오해와 잘못된 활용으로 인한 무질서 그리고 결혼이나 우상에게 바쳐진 음식을 먹어도 되는지에 대한 질문에 답을 적어 보낸 것입니다. 이 편지를 쓸 때만 해도 율법 준수 여부는 중요한 이슈가 아니었습니다(고전 15:56 참고). 빌레몬서는 에베소서와 골로새서를 들고 가는 두기고 편에, 골로새에 있는 빌레몬에게 도망간 그의 노예 오네시모를 선처해 달라고 부탁한 편지였습니다.

그러나 갈라디아서, 고린도후서, 로마서, 에베소서, 빌립보서, 골로새서, 디모데전·후서와 디도서는 유대주의자들이 이방 성도들에게도 할례를 포함해 율법을 지켜야 한다고 가르치며 교회들을 훼방한 뒤, 그들의 주장을 반박하고 이방 교회들을 보호하려는 정황에서 쓰였습니다.

## 초대 교회의 이방 선교와 율법관의 변화

이것을 이해하기 위해서는 먼저 이방 선교의 시작과 초대 교회의 율법관의 변화에 대해 살펴볼 필요가 있습니다. 예수님으로부터 '모든 족속으로 제자를 삼으라' 는 지상 명령을 반복적으로 받았음에도 불구하고, 사도들은 이방인들에게 복음을 전할 전략을 세우지 않았습니다.

베드로가 환상을 보고 마지못해 로마 백부장 고넬료의 집에 도착했을 때 했던 첫마디에 그 이유가 담겨 있습니다. "유대인으로서 이방인과 교제하며 가까이하는 것이 위법인 줄은 너희도 알거니와"라고 했습니다(행 10:28). 사도들은 율법을 위반하지 않기 위해 이방인들을 접촉하려 하지 않았던 것입니다. 그러니 이방 선교는 생각조차 하지 못했을 것입니다. 그러나 베드로가 복음을 전했을 때, 고넬료의 가족 모두가 예수님을 믿었습니다. 성령의 역사임이 너무나 분명했기에, 베드로는 세례를 주었을 뿐 아니라, 이방인의 집에서 먹고 자며 며칠을 보냈습니다.

베드로가 이방인과 접촉했다는 소문을 들은 예루살렘교회의 지도자들은, 베드로가 돌아오자마자 어떻게 그럴 수 있었느냐며 몰아세웠습니다. 베드로는 안 그러려 했지만 성령께서 그렇게 인도하셔서 어쩔 수 없었다고 말하며, 진정 성령으로 말미암은 구원의 역사였다고 상세히 간증했습니다. 그제야 예루살렘 지도부는 이방인의 구원을 하나님이 하시는 일로 받아들였습니다. 주목할 것은, 그때 왜 고넬료에게 할례를 주지 않았느냐고 베드로를 비난하지 않았다는 사실입니다.

하나님이 고넬료를 구원하신 증거를 보았음에도 불구하고, 사도들은 이방 선교 계획을 세우지 않았습니다. 심한 핍박이 닥쳤을 때에야 성도들이 유대와 인근 이방 지역으로 흩어져 전도하기 시작했습니다. 그런데 사도행전 11장 19절을 보면, '유대인에게만' 복음을 전했다고 기록되어 있습니다. 아직도 복음은 유대인들만을 위한 것이라고 생각했기 때문입니다. 그런데 회심한 사람들 중에 헬라인도 많았습니다. 유대인인 줄 알고 전도했는데, 나중에 알고 보니 헬라인이었던 것입니다.

마치 한국, 중국, 일본 사람들이나 독일, 프랑스, 영국 사람들이 외모가 비슷한 것처럼, 유대인과 헬라인도 외모가 비슷했습니다. 300년 동안 헬라의 지배를 받다 보니 유대인들도 헬라어를 공용어로 사용했고, 서로 결혼하는 경우도 있었습니다.

수리아 안디옥에서 이방인들이 예스님을 믿게 된 것은 예상하지 못한 일이었기에 즉시 예루살렘에 보고되었습니다. 사도들도 예상하지 못했던 일이었기에 바나바를 보내어 이방인 개종 현상을 파악하게 했습니다. 바나바로부터 하나님의 역사라는 보고를 받고 기뻐하며, 그를 목회자로 파송했습니다.

이때도 이방 성도들이 할례를 받고 율법을 지켜야 한다는 주장은 없었습니다. 또한 이방 선교 계획도 수립하지 않았습니다. 그로부터 12-13년이 지난 후, 성령의 강권적 개입으로 안디옥교회가 바나바와 나를 선교사로 파송했고, 우리는 구브로와 갈라디아 지역으로 1차 선교 여행을 떠났습니다.

1차 선교 여행을 마치고 수리아 안디옥으로 돌아왔을 때, 예루살렘교회의 어떤 형제들이 안디옥에 와서 이방 성도들에게 "모세의 법대로 할례를 받지 아니하면 능히 구원을 받지 못하리라"라고 가르치기 시작했습니다 (행 15:1). 이에 바나바와 나는 즉각 반발했고, 결국 예루살렘 공회가 열렸습니다. 사도들과 장로들은 이방인들에게 율법을 지킬 의무가 없다고 결의했습니다.

그럼에도 불구하고 유대주의자들의 활동은 수그러들지 않았습니다. 2차 선교 여행 후 수리아 안디옥으로 돌아왔을 때, 베드로와 바나바도 안디옥에 있었습니다. 어느 날, 지난 15년여 동안 늘 그래 왔듯이 유대 성도들과 이방 성도들이 함께 식사를 하고 있었는데, 예루살렘에서 어떤 형제들이 도착하자 베드로가 이방 성도들과 식사하지 않은 척하며 자리에서 일어났습니다. 이것을 본 다른 유대 성도들도 그랬고, 급기야 바나바마저 이방 성도들과 함께 식사하지 않은 것처럼 행동했습니다.

무엇인가 이상한 변화의 기류가 감지되지 않습니까? 고넬료의 집에 들어가 며칠을 먹고 잤던 베드로, 예루살렘 공회에서 고넬료의 경험을 상기시키며 이방 성도들이 율법을 지킬 필요가 없다고 강변했던 그가 왜 그랬던 것일까요? 15년여 동안 유대인과 이방인이 함께 있었던 안디옥교회의 담임목사이면서 1차 선교 여행 중 여러 지역에서 이방 성도들과 함께 식사했던 바나바는 또 왜 그렇게 행동했을까요?

초대 교회에서 이방 성도들의 율법 준수 여부와 관련하여 중요한 변화가 일어나고 있었다는 징조입니다.

이방 성도들도 율법을 지켜야 한다는 주장이 대세가 되어 가고, 그것을 강조하는 유대주의자들이 베드로조차 두려워할 만큼 큰 세력으로 부상했다는 것을 의미합니다. 이를 간파한 나는, 부득이하게 공개적으로 베드로를 책망했습니다. 이것이 바로 그 유명한 '안디옥 사건'입니다(갈 2:11-14).

이 사건의 핵심은 베드로와의 세력 다툼이 아니었습니다. 나는 사도 중에서 가장 작은 자요, 교회를 핍박한 전력 때문에 사도로 불릴 자격이 없다고 늘 생각해 왔습니다. 그러나 이번에 베드로가 한 행동은, 유대 성도들과 이방 성도들이 함께 식사조차 할 수 없다는 전례를 남기게 될 것이며, 그 여파가 상당할 것임을 직감했습니다. 지금 생각해도 그때 바른 판단과 용기와 순발력을 주신 주님께 감사드립니다.

## 지칠 줄 모르는 유대주의자들의 주장

이 신학적 이슈가 어느 정도 가라앉은 후, 나는 3차

선교 여행을 떠났습니다. 에베소에서 삼 년간 사역하고 드로아를 거쳐 마게도냐의 빌립보로 가서, 고린도에서 돌아온 디도를 만났습니다. 좋은 소식도 들었지만, 예루살렘에서 온 형제들이 고린도로 찾아가 나의 사도권을 폄훼하고, 우리가 전파하지 않은 다른 예수를 전파하는데도 성도들이 그것을 잘 받아들이고 있다는 보고를 받았습니다(고후 11:4).

너무도 실망한 나는 그들이 다른 복음을 전하는 자들을 기쁘게 용납한다는 말을 두 번이나 반복하며 실망감을 드러냈습니다(고후 11:19-20). 그들은 "거짓 사도요 속이는 일꾼이니 자기를 그리스도의 사도로 가장하는 자들이[요] … 자기를 광명의 천사로 가장하[는] … 사탄의 일꾼들"이라고 경종을 울려 주었습니다(고후 11:13-15). 고린도후서에서 '율법'을 몇 번 언급하기는 했지만, 강한 어조로 반대하지는 않았습니다(고후 3:6-7).

그렇게 고린도후서를 보내고 일루리곤에 갔다가 마게도냐로 돌아왔는데, 이번에는 갈라디아에서 온 충격적인 소식을 들었습니다. 유대주의자들이 갈라디아까지 가서, 이방 성도들도 율법을 지키고 할례를 받으며 유대 절기를 지켜야 한다고 주장했다는 것입니다(갈 6:12-13). 더 심각한 것은, 갈라디아 성도들이 자신들을 "부르신 이를 이같이 속히 떠나 다른 복음을 따르"고 있었고, 그들 안에 "날과 달과 절기와 해를 삼가 지키"며 율법 안에서 의롭다 함을 얻고자 하는 자들이 있었다는 점입니다. 나는 "내가 너희를 위하여 수고한 것이 헛될까 두려의"한다며 강한 우려를 나타내지 않을 수 없었습니다(갈 1:6, 3:1-5, 4:10, 21, 5:2-4).

나를 가장 힘들게 한 사람들은 불신 이방인도, 불신 유대인도 아니었습니다. 믿는 유대인 중에서 이방 성도들도 유대 율법을 지켜야 온전히 구원을 받는다고 주장하는 유대주의자들이었습니다. 이들은 내가 개척한 이방 교회들을 찾아다니며 이런 신학적 주장을 퍼뜨려 성도들을 실족시키고 혼돈에 휩싸이게 했습니다.

이런 상황 때문에 나는 이방인들에게 복음을 전하는 단계를 넘어, 복음의 진리를 수호해야 하는 자리에 서게 되었습니다. 고린도교회와 갈라디아 교회들을 훼방한 유대주의자들이 에베소, 빌립보, 골로새, 심지어 로마에도 찾아가 천사 같은 모습과 간교한 속임수로 다른 예수, 다른 복음을 전할 것이 불 보듯 뻔했습니다. 고린도교회와 갈라디아 교회들이 이렇게 쉽게 속히 넘어간 것은, 내가 이 교회들에게 율법을 지킬 필요가 없다는 것을 미리 가르치지 않았기 때문입니다. 지킬 필요가 없는 것을 무엇 때문에 지키지 말라고 미리 가르치겠습니까?

하지만 이제는 상황이 달라졌습니다. 이방 성도들도 율법을 준수해야 한다는 문제가 계속 제기되고 있으니, 지킬 필요가 없고 지켜서는 안 된다는 것을 가르쳐야 했습니다. 그래서 고린도교회와 갈라디아 교회들에 강력한 편지를 보냈고, 로마서도 이런 맥락에서 썼던 것입니다.

사실 나는 여러 번 로마에 가고자 했지만, 번번히 길이 막혔습니다. 주후 49년부터 54년까지는 글라우디오 황제가 모든 유대인을 로마에서 추방한 칙령 때문에 갈 수 없었습니다. 그러나 주후 54년, 네로가 유대인들이 로마로 돌아와도 좋다는 칙령을 발표하면서 길이 열렸습니다. 마침 길리기아, 수리아, 갈라디아, 아시아, 마게도냐, 아가야에서 충분히 사역했다고 판단되었기에, 이제 로마를 거쳐 스페인으로 가야겠다고 생각했습니다

(롬 15:22-24).

그럼에도 불구하고 나는 예루살렘부터 가기로 작정했습니다(롬 15:25). 제국의 수도인 로마에 가서 성도들에게 '나의 복음'(롬 2:16, 16:25)을 전하고 중요한 진리를 가르치는 것은 오랫동안 기도하며 준비해 온 일이었기에, 로마행을 포기하는 것은 쉬운 결정이 아니었습니다. 그러나 이제는 로마보다 예루살렘에 먼저 가야 하는 엄중한 상황이 발생한 것입니다.

예루살렘에 가면 장기 투옥되거나 순교를 당할 수도 있다는 사실을 알고 있었습니다. 성령께서 미리 말씀해 주셨고, 가는 길에도 선지자들과 동료들이 울면서 가지 말라고 말렸습니다. 그러나 나는 예루살렘행을 멈추지 않았습니다. 예루살렘에서 해야 할 중요한 일에 비하면, 죽는 것은 두렵지 않았습니다. 예루살렘의 지도자들에게 유대주의자들의 만행을 알려야 했습니다. 그들의 활동을 직간접적으로 묵인하거나 지원하는 예루살렘 지도자들에게 왜 이방 성도들이 할례를 포함한 유대 율법을 지킬 필요가 없는지를 신학적으로 설명해 그들의 이해와 협조를 얻는 것이 중요하다고 판단했기 때문입니다. 이 일은 목숨을 잃는 한이 있어도 해야 했습니다.

목숨을 잃는 것은 두렵지 않았지만, 그렇게 되면 로마에 가서 성도들에게 '나의 복음'을 전하지 못하게 될 것이 마음에 걸렸습니다. '나의 복음'은 사도들이 전한 복음과 다른 내용이 아닙니다. 우리는 같은 복음을 전했습니다(고전 15:11). 다만, '나의 복음'은 예수님의 복음을 이미 믿은 로마의 성도들에게, 복음과 율법의 관계를 설명하면서 이방인들이 믿음으로 얻은 구원이 정당하고 충분하며 합법적이라는 것을 밝히는, 복음 안에 함축된 내용입니다. 로마교회는 내가 직접 개척한 교회가 아니었기에, 내가 믿고 전하는 복음의 내용을 상당히 자세히 기록했습니다.

보다 궁극적으로는, 유대주의자들의 공격이 있을 경우 로마교회가 유혹에 넘어가지 않도록 준비시키고 싶었습니다(롬 16:17-20). 로마에 가서 대면하여 이 모든 것을 가르치고자 했지만, 혹시 예루살렘에 가서 로마에 가지 못하게 될 경우가 발생할 것을 대비해 편지에 담은 것입니다.

고린도에서 로마서를 써서 뵈뵈 자매 편에 보내고,

고린도 성도들에게도 같은 내용을 가르치며 다시금 단단히 주의를 주고 예루살렘을 향해 출발했습니다. 그리고 마게도냐와 드로아로 갔습니다. 드로아에서 앗소까지는 혼자 걸었습니다. 예수님의 겟세마네 기도와 같은 기도를 하며 진지한 마음으로 걸었습니다.

앗소에서 탄 배가 에베소에 들르지 않는다는 것을 알고, 에베소 장로들에게 밀레도로 오라고 사람을 보냈습니다. 에베소교회도 준비시켜야 했기 때문입니다. 에베소교회는 한 교회만이 아니라, 아시아의 일곱 교회를 포함해 골로새, 라오디게아, 밀레도 등 아시아의 모든 교회에 영향을 미치는 중요한 교회였습니다. 이 교회를 준비시켜 유대주의자들의 훼방으로부터 보호하는 것은 너무 중요했습니다.

밀레도에서 에베소 장로들을 만나 고별 설교를 할 때처럼 내 마음이 그렇게 절절했던 적은 없었습니다. 예루살렘에서 무슨 일을 당하여 그들을 다시 보지 못할 줄 알았기 때문입니다(행 20:22-25). 그러고는 장로들을 밀레도로 부른 핵심 이유를 말했습니다. 거짓 선생들이 들어와 교회를 훼방할 터인데, 그때 주님께서 당신의 피로 사신 교회를 잘 돌보라고 간곡히 부탁했습니다(행 20:28-30).

이런 당부로 장로들을 준비시킨 후에 밀레도를 떠났습니다. 가는 길에 선지자들까지 말렸지만, 나는 죽음을 각오하고 예루살렘으로 갔습니다. 우리가 도착하자 예루살렘교회의 지도자들이 모두 참석했습니다. 내가 하나님께서 나의 사역으로 말미암아 이방 가운데서 하신 일을 낱낱이 간증하자, 사도들과 장로들은 하나님께 영광을 돌렸습니다(행 21:17-19). 그러면서 예루살렘의 분위기를 전해 주었습니다.

> 형제여 그대도 보는 바에 유대인 중에 믿는 자 수만 명이 있으니 다 율법에 열성을 가진 자라 네가 이방에 있는 모든 유대인을 가르치되 모세를 배반하고 아들들에게 할례를 행하지 말고 또 관습을 지키지 말라 한다 함을 그들이 들었도다(행 21:20-21).

예루살렘의 성도들이 이런 가짜 뉴스를 듣고 있었습니다. 사도들조차도 나를 변호해 주지 못했습니다. 이런 배경과 이유 때문에 유대주의자들이 세력을 공고히

할 수 있었던 것입니다. 그중 열성분자들은 나의 가르침을 바로잡아야 한다는 사명감에서, 내가 개척한 교회들을 찾아다니며 이방인들도 율법을 지켜야 한다고 가르치기 시작했던 것입니다.

나는 이 악성 가짜 소문들을 해명했고, 왜 이방인들이 율법을 지킬 필요가 없는지를 신학적으로 설명하여 결국 사도들의 동의를 얻어 냈습니다. 목숨을 걸고 예루살렘에 온 목적이 이루어진 것입니다.

그러나 예상했던 대로, 불신 유대인들은 나를 가만두지 않았습니다. 나를 알아본 그들은 분노하여 소란을 피웠고, 나는 체포된 후 가이사랴로 이송되어 그곳에 있는 감옥에 구금되고 말았습니다. 이 감옥에서 에베소, 빌립보, 골로새교회에 편지를 보냈습니다.

학계에서는 옥중서신을 로마, 가이사랴, 에베소 중 어디에서 썼는지 논쟁이 있습니다. 지금까지 말씀드린 맥락에서 생각해 보십시오. 이방인들도 율법을 준수해야 한다는 유대주의자들의 요구를 반박하기 위해 고린도후서, 갈라디아서, 로마서를 썼고, 에베소 장로들을 밀레도로 불러 대면하여 가르쳤으며, 목숨을 걸고 예루살렘에 와서 사도들을 설득한 내가 이 년이라는 긴 시간 동안 가이사랴 감옥에서 느긋이 있다가 로마에 가서야 편지를 썼겠습니까? 아닙니다. 나는 가이사랴 감옥에서 안정이 되는 대로, 하루라도 빨리 이 교회들도 준비시켜야 했습니다.

## 율법과 믿음

갈라디아서를 보면 내가 율법과 할례를 단호히 반대하는데, 로마서를 비롯한 몇몇 서신에서는 율법을 긍정적으로 언급한 것을 두고 혼선을 겪는 사람들이 있습니다. 바울서신과 바울신학을 바르게 이해할 수 있는 하나의 중요한 축은, 내가 이방 성도들이 믿음으로 얻은 구원이 충분하다는 사실을 밝히며 유대주의자들의 신학적 오류를 반박한 배경과 내용을 이해하는 것입니다. 유대주의자들은 이방 성도들도 온전한 구원을 얻기 위해서는 할례를 받고 율법을 지켜야 한다고 주장했기에, 나는 그들의 주장을 반박하는 과정에서 율법과 할례를 지킬 필요가 없다고 선언한 것입니다. 유대인들이 지키는 율법과 할례를 반대한 것은 아니었습니다. 내가 율법(롬 7:7-8, 10, 12, 14, 16, 9:4)과 할례(롬 3:1-2; 고전 7:18-19; 갈 6:15)를 긍정적으로 언급한 문맥을 살펴보면, 서로 상충되는 주장을 한 것이 아님을 알 수 있을 것입니다.

예수님도 율법을 폐하러 온 것이 아니라 완전하게 하러 왔다고 말씀하셨고(마 5:17), 스데반도 할례의 언약은 아브라함에게 주신 것이요, 율법은 '천사가 전해 준 것'이라며 존경을 표했습니다(행 7:8, 53). 나도 선교 활동을 위해 디모데에게 할례를 행했고, 안식일에는 습관을 따라 회당을 찾아 예배드렸습니다(행 13:14, 14:1, 17:1-3, 17, 18:4, 19:8). 사도들의 제안을 받아들여 서원한 형제들을 데리고 성전에 들어가 결례를 행함으로써 나도 율법을 지켜 행하고 있다는 것을 공개적으로 드러내기도 했습니다(행 21:23-24, 26). 불신 유대인들은 내가 율법과 성전을 비방하여 가르친다고 오해했지만(행 21:28, 24:6), 나는 율법 아래 있는 유대인들에게는 그들을 구원으로 인도하기 위해 나 역시 율법을 지키는 모습을 보였습니다(고전 9:20; 행 24:14, 25:8, 28:17). 율법이 우리를 그리스도께로 인도하는 초등 교사 역할을 한 것도 사실입니다(갈 3:23-24). 또한 윤리와 도덕의 기준을 제시해 주는 역할도 합니다. 이렇듯 율법에는 긍정적인 면이 있습니다.

하지만 율법은 이방인은 물론 유대인도 구원으로 인도할 수 없다는 분명한 입장을 취했습니다. 이제는 율법 외에 믿음으로 말미암는 하나님의 한 의가 나타났기 때문입니다(롬 3:21). 예수님께서 십자가로 율법의 요구를 다 이루시고, 모든 믿는 자에게 의를 이루기 위해 율법의 마침이 되셨습니다. 그래서 이제는 유대인들도 율법에서 벗어나게 되었습니다(롬 7:6, 8:2-4, 10:4). 하나님께서는 "할례자도 믿음으로 말미암아 또한 무할례자도 믿음으로 말미암아 의롭다 하"십니다(롬 3:30). "사람이 의롭다 하심을 얻는 것은 율법의 행위에 있지 않고 믿음으로 되"기 때문입니다(롬 3:28). 갈라디아 성도들에게도 이것을 분명하게 가르쳤습니다.

> 사람이 의롭게 되는 것은 율법의 행위로 말미암음이 아니요 오직 예수 그리스도를 믿음으로 말미암는 줄 알므로 우리도 그리스도 예수를 믿나니 이는 우리가 율법의 행위

로써가 아니고 그리스도를 믿음으로써 의롭다 함을 얻으려 함이라 율법의 행위로써는 의롭다 함을 얻을 육체가 없느니라(갈 2:16, 3:11 참고).

이런 신학적 이해에 근거하여, 나는 유대인에게도 구원을 가져다주지 못하는 율법을 이방 성도들에게 강요하는 유대주의자들의 행태를 용납할 수 없었습니다.

## 이방인의 사도라는 자아 인식

세 번째로, 내가 이방인의 사도라는 자아 인식 속에서 성도들을 가르치고 후기 바울서신을 썼다는 점을 이해하는 것이 중요합니다. 데살로니가전·후서를 쓸 때만 해도 나는 사도권을 언급하지 않았습니다. 편지의 인사말에 '사도'라고 소개하지도 않았습니다. 그러나 3차 선교 여행 중 에베소에서 쓴 고린도전서에서는 '하나님의 뜻을 따라 그리스도 예수의 사도로 부르심을 받은 바울'이라고 소개했습니다. 내가 사도가 아니라고 주장하는 거짓 선생들이 고린도 성도들에게 영향을 주었기 때문입니다(고전 9:1-18).

사실 2차 선교 여행 중 고린도에서 교회를 개척할 당시만 해도, 교회를 핍박했던 내가 사도로 부름받기에 합당하지 않다고 생각하여 스스로 사도권 주장을 자제했었습니다. 자비량으로 선교하는 것이 바람직하다고 여겨, 마땅히 사도로서 받을 수 있었던 권리도 쓰지 않았습니다(고전 9:12-14, 15:9). 어떤 호칭으로 불리는가는 중요하지 않았습니다. 하지만 거짓 선생들이 예루살렘 사도들의 권위를 내세우며 나의 사도성을 부정하고, 내가 전한 복음까지 무시하는 상황에서는 사도권을 밝히지 않을 수 없었습니다(고전 4:15, 9:2).

고린도후서를 쓸 때는 이 점을 더욱 강조했습니다. 거짓 선생들이 스스로를 '그리스도의 지극히 큰 사도들' 혹은 '광명의 천사'로 가장하며, 의도적으로 나의 사도권을 인정하지 않는 발언을 하여 고린도 성도들을 미혹했기 때문입니다(고후 11:5, 13). 그들이 육신을 따라 자랑하기에, 나도 부득불 자랑하지 않을 수 없었습니다(고후 11:16-23). "내가 아무것도 아니나 지극히 크다는 사도들보다 조금도 부족하지 아니하"다고 말해야 했습니다 (고후 12:11).

갈라디아서를 쓸 때는 사도권을 더욱 원색적으로 강조했습니다. "사람들에게서 난 것도 아니요 사람으로 말미암은 것도 아니요 오직 예수 그리스도와 그를 죽은 자 가운데서 살리신 하나님 아버지로 말미암아 사도 된 바울"이라고 다소 길게 소개했습니다(갈 1:1).

로마서에서는 더욱 분명히 썼습니다. "사도로 부르심을 받아 하나님의 복음을 위하여 택정함을 입"은 "예수 그리스도의 종 바울"이라고 쓰고도 "그[예수 그리스도]로 말미암아 우리가 은혜와 사도의 직분을 받아 그의 이름을 위하여 모든 이방인 중에서 믿어 순종하게 하[는]" 사명을 받았다고 덧붙였습니다(롬 1:1, 5). 중간 부분에서도 "이방인의 사도"인 것을 확언했습니다(롬 11:13). 마지막 부분에서는 사도직의 핵심이 이방인을 위한 것임을 더 분명히 밝혔습니다.

하나님께서 이 은혜를 내게 주신 것은, 나로 하여금 이방 사람에게 보내심을 받은 그리스도 예수의 일꾼이 되게 하여, 하나님의 복음을 전하는 제사장의 직무를 수행하게 하시려는 것입니다. 그리하여 이방 사람들로 하여금 성령으로 거룩하게 되게 하여, 하나님께서 기쁨으로 받으실 제물이 되게 하시려는 것입니다(롬 15:16, 새번역).

로마서 15장 14-21절은 로마서의 핵심 주제와 논지를 알게 해 주는 열쇠입니다. 그중에서도 15장 15-16절은 가장 중요한 내용을 담고 있습니다. 로마서는 담대한 마음으로 쓴 편지였습니다. 어떤 대목들은 독자들이 받아들이기 어려운 내용일 줄 알면서도, 용기를 내어 썼다는 뜻입니다.

특히 로마서에서는 유대인의 불신을 비판하고, 이방인의 믿음을 칭찬하는 내용을 많이 썼습니다. 구약을 인용할 때도 유대인의 불신을 설명하고, 이방인들이 믿음으로 하나님의 백성, 곧 아브라함의 자손이 되었음을 증명하는 데 사용했습니다.

하나님께서 내게 사도직의 은혜를 주신 이유는, 특히 이방인들에게 하나님의 복음을 전하는 그리스도의 일꾼이 되어, 그들을 하나님께 거룩한 제물로 바치는 제사장의 직무를 감당하게 하시려는 것이었습니다. 그래서 유대인과 이방인의 동등성을 논증하며, 이방인들이 믿음으로 얻은 구원이 충분하고 온전하며 합법적임을 강변했습니다.

물론 유대인들에게도 복음을 전했습니다. 동족 유대인들의 구원을 위해서라면, 나 자신이 그리스도에게서 끊어진다 할지라도 모든 것을 바치고자 했습니다(롬 9:1-5, 11:14; 고전 9:20). 유대인들에게 사십에 하나 감한 매를 다섯 번이나 맞고, 그들이 던지는 돌을 맞았으며, 동족의 위험을 무릅쓰면서도 회당과 거리에서 유대인들을 만나 복음을 전했습니다(고후 11:24-26).

그러나 예수님은 내게 이방인들에게 복음을 전하라는 특별한 소명을 주셨습니다. 사도들이 지상 명령을 다섯 번이나 반복해 듣고도 이방 선교를 실행하지 못하던 시절, 주님께서 내게 이 사명을 맡기신 것은, 복음이 유대인이나 이방인이나 차별 없이 믿는 모든 자에게 구원을 주시는 하나님의 능력이 되기 때문이었습니다.

이것은 유대인으로 말미암아 시작된 구원이 이방인에게도 베풀어진다는 큰 의미였습니다. 나는 주님의 부르심과 성령의 인도하심으로 이방인들에게 하나님의 복음을 증거했고, 놀랍게도 이방인들 가운데 예수님을 믿는 자들이 늘어나 이방인 중심의 교회들이 세워지기 시작했습니다.

더욱 놀라운 것은, 이들이 할례를 비롯한 율법을 지키지 않았음에도 불구하고 구원받은 증거가 너무도 분명히 나타났다는 사실입니다. 마치 아브라함이 할례를 받기 전에, 또 모세를 통해 율법이 주어지기 전에 하나님의 말씀을 믿기만 했을 때, 하나님께서 그의 믿음을 보고 그를 의롭다 하신 것과 같았습니다.

이렇듯, 이방인들은 내가 전한 복음, 곧 예수님이 하나님의 아들이시며 우리의 죄를 대신 지고 죽으신 후 사흘 만에 다시 살아나셨다는 말씀을 듣고 믿어 의롭다 함을 얻었습니다. 믿음으로 말미암은 그들의 구원은 온전하고 충분했습니다. 그런데도 유대주의자들은 이방 성도들을 찾아가, 할례를 받고 율법을 지켜야 온전히 구원을 받는다는 다른 복음, 잘못된 복음을 전했습니다.

이런 상황에서 나는 믿음으로 말미암는 이신칭의의 복음을 강조하며, 율법을 지킬 필요가 없음을 분명히 밝히기 시작했습니다. 특히 갈라디아서에서 이 내용을 강조했습니다. 유대주의자들이 교회를 혼돈에 빠뜨린 뒤, 늦게나마 믿음과 율법의 역할과 관계를 명확히 설명해 주었습니다.

> 사람이 의롭게 되는 것은 율법의 행위로 말미암음이 아니요 오직 예수 그리스도를 믿음으로 말미암는 줄 알므로 우리도 그리스도 예수를 믿나니 이는 우리가 율법의 행위로써가 아니고 그리스도를 믿음으로써 의롭다 함을 얻으려 함이라 율법의 행위로써는 의롭다 함을 얻을 육체가 없느니라(갈 2:16; 갈 2:21, 3:2-11, 23-26, 5:1 참고).

머지않아 유대주의자들이 로마교회도 훼방할 것을 예상하여, 이미 믿음으로 의롭다 함을 얻었으니 구원을 가져다주지 못하는 율법을 지킬 필요가 없다고 편지로나마 강조하며 준비시켰습니다.

> 그러므로 율법의 행위로 그의 앞에 의롭다 하심을 얻을 육체가 없나니 율법으로는 죄를 깨달음이니라 이제는 율

법 외에 하나님의 한 의가 나타났으니 율법과 선지자들에게 증거를 받은 것이라 곧 예수 그리스도를 믿음으로 말미암아 모든 믿는 자에게 미치는 하나님의 의니 차별이 없느니라 … 그러므로 사람이 의롭다 하심을 얻는 것은 율법의 행위에 있지 않고 믿음으로 되는 줄 우리가 인정하노라(롬 3:20-22, 28).

로마서가 그 어떤 바울서신보다도 칭의의 내용을 많이 담고 있는 것은 사실입니다. 그러나 믿음으로 구원받는 진리를 그토록 설명한 '의도'는, 이신칭의 교리 자체를 설명하기 위함이 아니라, 믿음으로 구원받은 이방 성도들의 구원이 충분하고 정당하다는 것을 증명하기 위함이었습니다.

로마서는 개인적인 인사말(1:1-15), 개인적인 맺는말(15:14-21), 논제적 서론(1:16-17), 논제적 결론(15:7-13)으로 이루어진 체계적 구조를 가지고 있습니다. 이 모든 중요한 문단에 공통으로 등장하는 핵심 단어는 바로 '이방인'(ethnē)입니다. 특히 논제적 결론에 인용된 네 구절의 구약 말씀에 모두 '이방인'이라는 단어가 들어 있는데

(롬 15:9-12), 그 단어 때문에 이 구절들을 인용한 것입니다. 로마서가 믿음으로 얻은 이방인의 구원의 정당성을 일관성 있게 설명하고 있음을 알 수 있을 것입니다.

나는 주님께서 주신 사명이, 이방인들에게 복음을 전하는 일뿐 아니라, 현혹된 이방 성도들에게 율법과 상관없이 믿음으로 구원받는 복음을 수호하는 일까지 포함된 것임을 절감했습니다. 그 복음 진리를 수호하는 과정에서 이방인의 사도권을 강변해야 했습니다. 유대주의자들의 잘못된 신학에 영향을 받은 성도들을 설득하기 위해 불가피한 조처였습니다.

초기에는 사도라 불리는 것을 자제하다가, 후기에 이방인의 사도임을 강력하게 주장하게 된 데는 이런 배경이 있음을 알고 그 변화를 유념한다면, 바울서신과 바울신학을 훨씬 더 바르게 이해할 수 있을 것입니다.

성경 전체도 마찬가지지만, 특히 바울서신은 이러한 세 가지 큰 그림과 배경의 숲을 먼저 보고 이해하는 것이 중요합니다. 그 후에 각 서신의 권(卷)이나 장(章) 혹은 본문의 나무를 본다면, 성경을 보다 정확하게 이해하고 가르칠 수 있을 것입니다.

# 4

선고적 관점으로
성경을
읽으십시오

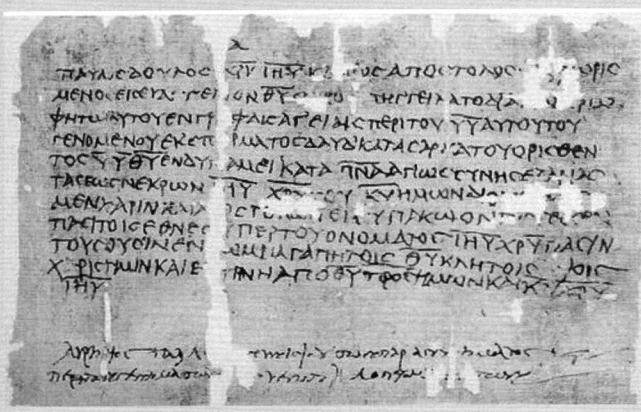

𝔓¹⁰(롬 1:1-7), 300년, 하버드대학교 호튼 도서관 소장 © 위키피디아

바울서신이 수집되었다는 정황이 처음으로 나타난 문헌은 무라토리안 정경(Muratorian Canon)입니다. 여기에 바울서신 열세 편이 언급되어 있기 때문입니다. 이 정경은 165-185년경에 기록된 것으로 추정되는 신약성경의 라틴어 사본으로, 역사학자 L. A. 무라토리(Muratori)가 밀라노에서 발견하여 1740년에 출판한 것입니다. 바울서신이 오랜 기간에 걸쳐 수집되어 정경화되었다는 학설과 사도행전의 발간으로 바울의 중요성이 인식되면서 고린도와 에베소를 중심으로 바울서신이 수집되고 정경화되었다는 학설이 있습니다.

| 눅 24:44-47 |

또 이르시되 내가 너희와 함께 있을 때에 너희에게 말한 바 곧 모세의 율법과 선지자의 글과 시편에 나를 가리켜 기록된 모든 것이 이루어져야 하리라 한 말이 이것이라 하시고 이에 그들의 마음을 열어 성경을 깨닫게 하시고 또 이르시되 이같이 그리스도가 고난을 받고 제삼일에 죽은 자 가운데서 살아날 것과 또 그의 이름으로 죄 사함을 받게 하는 회개가 예루살렘에서 시작하여 모든 족속에게 전파될 것이 기록되었으니



바울서신을 올바르게 이해하려면, 본문의 나무보다 먼저 서신의 숲을 보아야 하는 원리를 앞 장에서 설명했습니다. 이 원리는 성경 전체를 이해하는 데에도 폭넓게 적용되어야 합니다. 특히 예수님과 신약의 기자들이 구약의 어떤 부분을 부각시켰는지, 어떤 관점으로 구약을 이해하고 가르쳤는지를 큰 그림으로 파악하는 것이 필요합니다. 뿐만 아니라, 신약성경도 선교하

는 중에 그리고 보다 폭넓은 선교를 위해 기록된 책이라는 관점을 가지고 읽고 해석하는 것이 중요합니다.

## 예수님의 선교적 구약 읽기

첫째로 알아야 할 것은, 구약의 핵심이 예수님과 그분의 고난과 부활에 대한 예언이라는 것입니다. 부활하신 예수님께서는 엠마오로 가는 두 제자에게 "그리스도가 이런 고난을 받고 자기의 영광에 들어가야 할 것이 아니냐 하시고 이에 모세와 모든 선지자의 글로 시작하여 모든 [구약]성경에 쓴바 자기에 관한 것을 자세히 설명"하셨습니다(눅 24:26-27). 열두 사도에게도 같은 요약을 해 주셨습니다.

> 내가 너희와 함께 있을 때에 너희에게 말한바 곧 모세의 율법과 선지자의 글과 시편에 나를 가리켜 기록된 모든 것이 이루어져야 하리라 한 말이 이것이라 하시고 이에 그들의 마음을 열어 성경을 깨닫게 하시고 또 이르시되

이같이 그리스도가 고난을 받고 제 삼 일에 죽은 자 가운데서 살아날 것과 또 그의 이름으로 죄 사함을 받게 하는 회개가 예루살렘에서 시작하여 모든 족속에게 전파될 것이 기록되었으니(눅 24:44-47).

모세오경(Torah)과 선지 예언서(Nebiim), 시편으로 시작되는 성문서(Ketubim)는 구약성경 전체를 지칭하는 표현입니다. 예수님은 구약 전체가 당신을 가리켜 기록된 것인데, 그 핵심은 당신의 고난과 부활이라고 친히 설명해 주셨습니다. 예수님은 생전에도 "이 [구약]성경이 곧 내게 대하여 증언하는 것"이라고 확언하셨습니다(요 5:39).

두 번째로 가져야 할 큰 그림은, 성경을 선교적으로 읽고 이해하는 것입니다. 누가복음 24장 44-48절에서 더 눈여겨볼 것은, 예수님께서 메시아의 고난과 부활로 완성된 복음이 예루살렘에서 시작하여 모든 족속에게 전파될 것도 구약에 기록되었다고 말씀하신 부분입니다. 그러고 보면 구약성경에는 '온 땅', '모든 민족', '열방' 같은 단어들이 자주 등장합니다. 아브라함을 처음 부르실 때도 이미 "땅의 모든 족속이 너로 말미암아 복을 얻을 것이라" 하셨습니다(창 12:3).

예수님은 그리스도의 고난과 부활 그리고 복음의 세계 전파가 구약의 핵심이라고 요약해 주셨습니다. 이것은 별개의 두 가지가 아니라, 불가분의 관계로 엮여 있는 구약의 큰 그림이라고 하셨습니다. 이 설명을 들은 제자들은 성경을 깨닫게 되었고, 마음이 뜨거워지는 것을 느꼈습니다(눅 24:32, 45). 선교는 단순히 성경적 근거를 가진 정도를 넘어, 성경 전체가 하나님의 선교의 교본이자 결과물입니다. 지금도 구약을 읽거나 연구할 때, 이러한 큰 그림의 관점을 가지고 구약 전체의 맥을 잡고, 그리스도 중심과 세계 선교적 관점에서 구약의 각 권과 스토리를 이해하는 것이 중요합니다.

## 바울의 선교적 구약 읽기

내가 길리기아, 수리아, 비시디아 안디옥에서 이방인에게 복음을 전하기로 한 것은 구약을 선교적 관점에서 이해했기 때문입니다. 특히 비시디아 안디옥에서 유대인들의 반대와 핍박이 있은 후, "하나님의 말씀을 마땅히 먼저 너희[유대인]에게 전할 것이로되 너희가 그것을 버리고 영생을 얻기에 합당하지 않은 자로 자처하기로 우리가 이방인에게로 향하노라"라고 선언했습니다(행 13:46). 이방인에게 복음을 전하려 한 것은, 이사야 49장 6절의 말씀을 통해 이방인에게 하나님의 구원의 메시지를 전하는 것이 하나님의 뜻이요, 계획임을 이해했기 때문입니다.

> 내가 너를 이방의 빛으로 삼아 너로 땅끝까지 구원하게 하리라 하셨느니라(행 13:47).

이사야 49장 6절은 하나님께서 당신의 종 메시아에게, 이방의 빛이 되어 구원을 땅끝까지 베푸는 것을 맡기시겠다는 예언이었는데, 이것은 이스라엘을 돌아오게 하는 것보다 더 중요하고 어려운 사명이라 하셨습니다. 나는 이 말씀이 예수님과 그분의 전도자들을 통해 이제 성취되었음을 보았습니다. 구약을 읽는 이스라엘 백성은 그 뜻을 제대로 알지 못했지만, 하나님은 내게 그것을 선교적으로 읽고 이해하고 행동으로 옮길 수 있는 통찰력과 은혜를 주셨습니다.

복음과 그 복음의 세계 전파는 "선지자들과 모세가 [즉 구약이] 반드시 되리라고 말한 것"의 실현이었고, 나는 이 관점에서 선교 사역을 감당했다고 아그립바왕 앞에서 증언했습니다.

> 하나님의 도우심을 받아 내가 오늘까지 서서 높고 낮은 사람 앞에서 증언하는 것은 [구약에서] 선지자들과 모세가 반드시 되리라고 말한 것밖에 없으니 곧 그리스도가 고난을 받으실 것과 죽은 자 가운데서 먼저 다시 살아나사 이스라엘과 이방인들에게 빛을 전하시리라 함이니이다 (행 26:22-23).

로마의 가택 연금 셋집에서 유대인들을 만나 전도할 때도 "모세의 율법과 선지자의 말을 가지고 예수에 대하여 권하"였습니다(행 28:23).

또한 구약은 이미 온 세상이 하나님의 영광으로 가득 찰 것을 예언했습니다.

이는 물이 바다를 덮음같이 여호와의 영광을 인정하는 것이 세상에 가득함이니라(합 2:14).

이 비전을 선언한 하박국의 말을 인용하여 로마서의 주제를 천명했습니다.

오직 의인은 믿음으로 말미암아 살리라(롬 1:17; 합 2:4 참고).

로마서를 시작하면서, 내가 전하는 복음은 "하나님이 선지자들을 통하여 그의 아들에 관하여 [구약]성경에 미리 약속하신 것"이라고 선언했습니다(롬 1:2). 이것은 구약을 통해 복음을 설명하겠다는 의지를 표명한 것입니다. 구약성경에 예언되어 있는 복음의 내용으로 그리스도와 세계 선교를 설명하겠다는 계획을 보여 준 것입니다. 그래서 로마서에서 구약의 말씀을 53회나 인용하여 이를 근거로 논증해 나갔습니다.

예수님이 십자가와 부활로 완성하신 복음이 이방 족속들에게까지 전파되고, 그들이 복음을 듣고 예수님을 믿어 의롭게 된 것은 하나님이 구약에서 이미 말씀하신 대로 된 것이라고 설명했습니다. 하나님은 유대인의 하나님만 되시지 않고, 이방인의 하나님도 되신다는 것을 선포했습니다(롬 3:29). 아브라함도 유대인의 조상만 되지 않고, 이방인의 조상도 된다는 것을 설명했습니다(롬 4:12, 16). 구약을 읽으면서도 하나님께서 열방도 구원하기로 미리 계획하셨다는 것을 깨닫지 못했던 유대인들에게는 나의 이런 발언이 충격으로 다가왔을 것입니다.

## 아브라함을 선교적으로 해석

그래서 아브라함의 이야기를 선교적으로 해석하여 설명했습니다. 아브라함이 행위가 아니라 오직 믿음으로 의롭다 함을 얻은 것을 부각시켰습니다(롬 4:1-3). 아무런 한 일 없이 믿음으로 의롭게 된 것은 다윗이 말한 대로, 일한 것이 없어도 불법이 사함을 얻는 자들의 복이 있기 때문입니다. 이 복은 유대인뿐 아니라 이방인에게도 해당됩니다(롬 4:4-8). 하나님이 아브라함도 믿음만 보고 의롭다 해 주셨기 때문입니다.

더 구체적으로, 아브라함이 의롭게 된 것은 할례를 받기 전이었으며, 율법도 이스라엘에게 주어지기 전이었습니다. 할례 언약을 받은 것은, 아브라함이 할례 받기 전에 가졌던 믿음을 의로 인친 표식에 불과합니다(롬 4:9-10). 이렇게 아브라함을 의롭게 하시는 것은, 이방인들도 할례와 율법 없이 의롭다 함을 받을 수 있음을 선언하기 위함이었습니다. 하나님이 유대인을 선택하셨다는 증표로 아브라함에게 할례의 언약을 주셨지만, 그 언약을 주시기 전에 이미 여러 민족의 아버지가 되리라 약속하셨습니다(창 17:9-14). 그래서 나는 "그가 할례의 표를 받은 것은 무할례 시에 믿음으로 된 의를 인친 것이니 이는 무할례자로서 믿는 모든 자의 조상이 되어 그들도 의로 여기심을 얻게 하려 하심이라"라고 해석하고 선언했습니다(롬 4:11). 그리하여 아브라함은 할례 받는 유대인의 조상이 될 뿐 아니라, 그가 할례 받기 전에 가졌던 믿음을 갖는 이방인의 조상도 되었다고 선언했습니다(롬 4:11-12).

아브라함과 그 자손이 상속자가 되리라 하신 약속은 할례나 율법과 상관없이 믿음으로 된 것이므로, "율법에 속한 자[유대인]에게뿐만 아니라 아브라함의 믿음에 속한 자[이방인]에게도 그러하니[해당되니] 아브라함은 우리 모든 사람의 조상이라"(롬 4:16)라고 말했습니다. 그러면서 나는 하나님께서 아브라함에게 "내가 너를 많은 민족의 조상으로 세웠다"라고 하신 말씀을 인용하여 결론을 내렸습니다(롬 4:17; 창 17:5 참고). 하나님께서 아브람(exalted father)이라는 이름을 아브라함(father of a multitude)으로 바꾸신 것도 "많은 민족의 조상으로 세웠"기 때문이었다고 확언했습니다(롬 4:17).

하나님은 아브라함을 '여러 민족의 아버지'가 되게 하려고 이름을 바꾸신 것입니다(창 17:4-5). 그러나 그보다 훨씬 이전, 처음 아브라함을 부를 때부터 이미 하나님은 그를 통해 많은 민족을 축복하겠다고 그리고 그가 땅의 모든 족속에게 복의 통로가 될 것이라고 약속하셨습니다.

여호와께서 아브람에게 이르시되 너는 너의 고향과 친척과 아버지의 집을 떠나 내가 네게 보여 줄 땅으로 가라 내가 너로 큰 민족을 이루고 네게 복을 주어 네 이름을 창대하게 하리니 너는 복이 될지라 너를 축복하는 자에게는 내가 복을 내리고 너를 저주하는 자에게는 내가 저주하리니 땅의 모든 족속이 너로 말미암아 복을 얻을 것이라 하신지라 이에 아브람이 여호와의 말씀을 따라갔고(창 12:1-4).

이것은 온 인류를 구원하시려는 하나님의 청사진이요, 비전 선언이었습니다. 모세에게 주신 말씀도, 이스라엘이 온 세계를 가지신 하나님의 제사장 나라 역할을 하기 위함이요, 율법도 열방 가운데서 그들의 사명을 다하기 위해 주신 것이었습니다(출 19:5-6, 20-23장). 선교적으로 아브라함을 사용할 계획을 가지고 그를 부르신 것을 확신했기에, 나는 무리수를 두면서까지 아브라함을 선교적으로 재해석했습니다.

아브라함이 바랄 수 없는 중에 바라고 믿었으니 이는 네 후손이 이같으리라 하신 말씀대로 많은 민족의 조상이 되게 하려 하심이라(롬 4:18).

이 말씀은 내가 아브라함을 어떻게 해석했는가를

보는 데 매우 중요합니다. 아브라함이 바랄 수 없는 중에 사라를 통해 아들을 가지리라고 바라고 믿은 것은 아흔아홉 살 때였습니다. 그런데 아브라함이 믿음으로 의롭다 함을 얻은 것은 일흔다섯 살 때였습니다(창 15:6). 나는 마치 아브라함이 아흔아홉에 하나님의 약속을 믿어 의롭다 함을 얻은 것처럼 극적으로 표현했습니다.

그보다 더 중요한 것은, 아브라함이 '많은 민족의 조상이 되기 위하여'(eis to einai) 바랄 수 없는 중에 믿었다고 말했습니다. 헬라어 문법에서 목적을 나타내는 가장 강력한 표현(eis to einai)을 사용하였으며, 그 믿음의 목적을 '많은 민족'(ethnē=이방인)과 연결시킨 것을 유념하십시오(롬 4:18-22). 그리고 이어서 선언했습니다.

> 그에게 의로 여겨졌다 기록된 것은 아브라함만 위한 것이 아니요 의로 여기심을 받을 [이방인을 포함한] 우리도 위함이니 곧 예수 우리 주를 죽은 자 가운데서 살리신 이를 믿는 자니라(롬 4:23-24).

믿음으로 구원받은 이방 성도들이 아브라함과 같이

믿음으로 의롭다 함을 얻었기에, 아브라함을 조상으로 모시게 된다는 엄청난 선언을 했습니다. 유대인 성도들로서는 이해하기 힘든 부분이었기에, 로마서 4장 전체를 할애하여 아브라함을 선교적으로 재해석하면서 이방인들이 믿음으로 얻은 구원의 충족성과 이방 성도들도 아브라함의 자손이 된다는 것을 논증한 것입니다.

## 이방인에게 은혜 베푸신 절대 주권의 하나님

나는 로마서 9-11장에서, 왜 유대인 중 상당수가 메시아가 오셨음에도 불구하고 믿지 않는데 하나님의 언약 밖에 있던 이방인들이 이스라엘의 메시아를 믿고 구원의 은총을 누리게 되었는지를 설명했습니다. "하나님의 말씀이 폐하여진 것같지 않도다" 하는 대전제 아래(롬 9:6), 이런 현상은 구약의 예언을 따른 것임을 구약 말씀을 들어 논증해 갔습니다.

아브라함의 씨가 다 그의 자녀가 아니요, 오직 사라의 아들 이삭이 아브라함의 씨였고, 이삭의 씨가 모두 약속의 자식이 아니라 야곱만 사랑받고 에서는 미움을 받은 것을 부각시키면서 하나님의 전적인 주권을 선언했습니다. 중요한 것은 야곱이나 에서나 아직 태어나지도 않았고 선이나 악을 행한 일이 없는 때에 하나님이 이렇게 정하셨음을 강조했습니다. 그러나 하나님이 불의하신 게 아닌 것은, 모세에게 말씀하셨듯이 "내가 긍휼히 여길 자를 긍휼히 여기고 불쌍히 여길 자를 불쌍히 여기리라 하"실 권한이 하나님께 충분히 있기 때문입니다(롬 9:15). 바로를 세워 완고하게 하신 것도 "너[바로]로 말미암아 내 능력을 보이고 내 이름이 온 땅에 전파되게 하려 함이라"고 하신 말씀을 인용하여, 선교적 의도를 강조했습니다(롬 9:17).

이렇게 하나님의 전적인 주권을 강조하며 하나님의 의도를 설명하면, "아무도 하나님의 주권을 거스를 수 없다면, 그럼 왜 하나님이 우리를 질책하시느냐"고 분명 누군가 이의를 제기할 것을 알았습니다. 그러나 논리적 대답으로 설명해 주지 않고, 네가 누구기에 감히 하나님께 반문하느냐고 일축했습니다. 그러면서 내 논지는 의도한 절정을 향했습니다.

만일 하나님이 그의 진노를 보이시고 그의 능력을 알게 하고자 하사 멸하기로 준비된 진노의 그릇을 오래 참으심으로 관용하시고 또한 영광 받기로 예비 하신 바 긍휼의 그릇에 대하여 그 영광의 풍성함을 알게 하고자 하셨을지라도 무슨 말을 하리요(롬 9:22-23).

하나님이 멸하시기로 준비된 진노의 그릇인 이방인들을 오래 참음으로 관용하시고, 영광 받기로 예비하신 긍휼의 그릇인 유대인들에게 영광의 풍성함을 허락하신 것은 그분의 절대적 권한에 속하는 것임을 천명했습니다.

이 그릇은 우리니 곧 유대인 중에서뿐 아니라 이방인 중에서도 부르신 자니라(롬 9:24).

이 선언을 위해 나는 로마서 9장 6-23절에서 하나님의 주권을 길게 설명했습니다. 핵심은, 하나님이 이방인들에게 은혜를 베풀기로 하신 것은 그분의 절대 주권적 결정이었다는 것입니다. 그럼에도 불구하고 유대인 독자들은 쉽게 납득하지 못할 것이므로, 이어서 호세아서의 말씀을 인용하여 이방인들에게 베푸신 하나님의 은총을 더 논증했습니다.

> 호세아의 글에도 이르기를 내가 내 백성 아닌 자를 내 백성이라, 사랑하지 아니한 자를 사랑한 자라 부르리라 너희는 내 백성이 아니라 한 그곳에서 그들이 살아 계신 하나님의 아들이라 일컬음을 받으리라 함과 같으니라(롬 9:25-26; 호 1:10, 2:23 참고).

호세아가 예언한 것처럼, 이제는 이방인도 하나님의 사랑받는 아들과 백성이 되었다는 엄청난 선언을 했습니다. 사실상 호세아 1장 10-11절을 보면, 이 축복의 약속은 유대 자손과 이스라엘 자손을 향한 것이었습니다. 하지만 나는 이 유대인을 위한 축복의 예언을 선교적으로 이해하여 이방인에게 적용시킨 것입니다.

그리고 중간 결론을 내렸습니다. "의를 따르지 아니한 이방인들이 의를 얻었으니 곧 믿음에서 난 의요 의의 법[인 줄 알고 율법]을 따라간 이스라엘은 율법[이 얻게 해 주길 기대했던 의의 법]에 이르지 못하였"다는 것입니다(롬 9:30-31). 나의 논지가 이방인의 입지를 옹호하는 것임을 쉽게 알 수 있을 것입니다. 절대 주권을 가지신 하나님께서 이방인에게 구원의 은총을 베푸셨다는 사실을, 많은 구약 말씀을 인용하며 논증한 것을 유념하십시오.

로마서 10장에서도 나는 구약성경을 선교적으로 해석해 갔습니다. "누구든지 그를 믿는 자는 부끄러움을 당하지 아니하리라"(롬 10:11; 사 28:16 참고) 한 말씀에서, "사람이 마음으로 믿어 의에 이르고 입으로 시인하여 구원에 이"른다, "유대인이나 헬라인이나 차별이 없음이라 한 분이신 주께서 모든 사람의 주가 되사 그를 부르는 모든 사람에게 부요하시도다"라는 선언을 이끌어 냈습니다(롬 10:10, 12). 이어서 다시 요엘 2장 32절 말씀, "누구든지 주의 이름을 부르는 자는 구원을 받으리라"(롬 10:13)를 인용하여, 믿음으로 말미암는 구원이 이방인에게도 열려 있음을 천명했습니다. 사실 요엘 2장 32절의 원래 문맥은 하나님을 떠난 북이스라엘이라 할지라도, 누구든지 주님의 이름을 부르기만 하면 구원을 얻는다는 약속이었습니다. 나는 이것을 선교적으로 해석하여 이방인에게까지 적용시켰습니다.

다시 한번 이사야의 말씀을 인용하여, 하나님이 이방인들을 받아 주셨음을 선포했습니다. 하나님을 찾지도 않고 하나님에 대해 물어보지도 않은 이방인들에게 나타나셨다는 말씀입니다(롬 10:20; 사 65:1 참고). 나는 인용에 앞서 "이사야는 매우 담대하여"라는 언급을 추가했는데, 이사야서의 문맥을 보면 하나님을 찾지도, 구하지도 않은 이스라엘 백성에게 하나님께서 스스로 나타나셨다는 말씀이었습니다. 이런 축복과 희망의 메시지를 전하는 이사야는 담대하게 발언해야 할 이유가 없었습니다. 하지만 이 말씀을, 이스라엘에 대한 예언을 넘어 하나님이 이방인들을 받아 주셨다는 메시지로 적용하여 선포한 사람은 바로 나였습니다. 그러려면 상당한 담대함이 필요했습니다.

## 선교적으로 결론 내린 로마서

로마서의 논제적 결론 부분을 시작하면서, "내가 말

하노니 그리스도께서 하나님의 진실하심을 위하여 할례의 추종자가 되셨으니 이는 조상들에게 주신 약속들을 견고하게 하시고 이방인들도 그 긍휼하심으로 말미암아 하나님께 영광을 돌리게 하려 하심이라"라고 선언했습니다(롬 15:8-9a). 이방인들도 하나님의 긍휼을 입었다는 내 발언은 유대인 독자들이 쉽게 이해할 수 있는 내용이 아니었습니다.

그러나 이러한 내 선언은 구약에서 발견한 자료에 근거합니다. 다시 말해, 구약을 선교적 관점에서 읽은 결과로 깨달은 것입니다. 그래서 그 근거를 제공한 구약의 네 구절을 '기록된바'라는 소개문과 함께 연이어 인용하여 내 결론을 뒷받침했습니다.

> 그러므로 내가 열방 중에서 주께 감사하고 주의 이름을 찬송하리로다(롬 15:9b).

> 열방들아 주의 백성과 함께 즐거워하라(롬 15:10).

> 모든 열방들아 주를 찬양하며 모든 백성들아 그를 찬송하

라(롬 15:11).

이새의 뿌리 곧 열방을 다스리기 위하여 일어나시는 이가 있으리니 열방이 그에게 소망을 두리라(롬 15:12).

인용된 네 구절에 공통적으로 들어 있는 단어는 '열방'(이방=ethnē)입니다. 이방인에 대한 밝은 미래와 소망을 말하고 있기에, 내가 이 구절들을 선택하여 로마서 전체의 논제적 결론으로 삼은 것의 중요성을 인지하기 바랍니다. 이처럼 나는 이방인의 구원의 합법성을 논증하는 과정에서 구약을 중요한 성경적 근거로 사용했습니다. 나는 구약을 선교적 관점에서 읽었고, 그 관점에서 이해한 것을 논지의 증거로 삼았습니다.

유대인이나 이방인이나 차별 없이 모두 구원의 대상이 되며, 믿음이라는 동일한 구원의 조건으로 하나님의 은총을 받게 되었습니다. 그러나 로마서에서 강조한 것처럼, 여전히 전도자를 파송하고 전도자가 나아가 복음을 전하여 듣는 자가 믿고 예수님의 이름을 불러 구원을 받게 해야 하는 선교적 과제가 남아 있습니다.

유대인이나 헬라인이나 차별이 없음이라 한 분이신 주께서 모든 사람의 주가 되사 그를 부르는 모든 사람에게 부요하시도다 누구든지 주의 이름을 부르는 자는 구원을 받으리라 그런즉 그들이 믿지 아니하는 이를 어찌 부르리요 듣지도 못한 이를 어찌 믿으리요 전파하는 자가 없이 어찌 들으리요 보내심을 받지 아니하였으면 어찌 전파하리요 기록된바 아름답도다 좋은 소식을 전하는 자들의 발이여 함과 같으니라(롬 10:12-15).

로마서의 마지막 세 절에서도, 하나님의 경륜 속에 비밀로 오래 감추어졌던 선교적 비전을 상기시키며 서신을 마무리한 중요성을 인지하십시오.

나의 복음과 예수 그리스도를 전파함은 영세 전부터 감추어졌다가 이제는 나타내신 바 되었으며 영원하신 하나님의 명을 따라 선지자들의 글로 말미암아 모든 민족이 믿어 순종하게 하시려고 알게 하신 바 그 신비의 계시를 따라 된 것이니 이 복음으로 너희를 능히 견고하게 하실 지혜로우신 하나님께 예수 그리스도로 말미암아 영광이 세세 무궁하도록 있을지어다 아멘(롬 16:25-27).

에베소서에서도 마찬가지입니다. 주독자는 이방 성도들이었지만, 나는 구약을 선교적으로 읽고 이해한 부분을 많이 언급했습니다. 다른 세대에서는 사람의 아들들에게 알리지 않은 하나님의 은혜의 경륜이 있었습니다. 그것은 비밀로 감추어져 있었는데, 이제 사도들과 선지자들에게 성령으로 나타내셨습니다. 하나님이 계획하신 그 경륜의 내용은, 이방인들이 복음으로 말미암아 그리스도 예수 안에서 유대인과 함께 상속자가 되고, 함께 지체가 되고, 함께 약속에 참여하게 하는 것이었습니다. 하나님은 계시로 내게 이 비밀을 알게 하셨습니다.

이로 말미암아 나는 구약을 새로운 관점에서 이해하게 되었고, 따라서 이 복음을 위하여 그분의 능력이 역사하시는 대로 하나님의 은혜를 따라 이방인들에게 복음을 전하는 일꾼이 되었습니다. 구약에 기록되어 있으나 감추어졌던 그 비밀스런 경륜은, 영원부터 우리 주 그리스도 예수 안에서 예정하신 뜻대로 하신 것이었습니다. 이것을 이제 드러내시려고, 모든 성도 중에 지극히 작은 자보다 더 작은 나에게 그리스도의 풍성함을 이방인에게 전하는 직분을 주셨습니다(엡 3:1-11; 골 1:26-27).

그러므로 먼저 로마서와 에베소서를 비롯한 바울서신을 선교적으로 읽고 해석해야 합니다. 특히 로마서는 선교 문서입니다. 예수님과 내가 구약을 선교적 관점에서 읽고 해석한 부분을 적었듯이, 신약 전체도 그렇게 읽어야 합니다. 다시 강조하거니와 신약성경은 선교를 하는 중에, 선교를 위하여 쓰였기 때문입니다. 사복음서는 예수님의 행적과 복음을 담은 전도·선교 교재입니다. 사도행전은 복음을 예루살렘으로부터 땅끝까지 확장한 선교사들의 행적을 담은 기록입니다. 내가 쓴 서신들은 선교 사역의 결과로 세워진 교회들에게 보낸 양육 편지들입니다. 요한계시록은 선교의 결과가 가져올 마지막과 천상의 모습을 보여 줍니다. 따라서 신약을 선교적 관점에서 읽어야 합니다. 그러지 않으면, 신약의 이해와 해석에는 한계가 있을 수밖에 없습니다.

## 선교-성경 전체에 흐르는 맥(脈)

내가 구약을 선교적으로 읽고 이해하여 가르친 것과 마찬가지로, 현대 신학도들도 구약과 신약성경을 선교적 관점에서 읽기를 권합니다. 예수님도 구약을 선교적으로 가르치셨기 때문입니다. 성경신학자들은 물론 조직신학자들 역시 선교가 성경 해석에 있어 기본적인 표제라는 것을 인식하고, 이 큰 그림 속에서 성경을 해석하고 가르쳐야 합니다. 그러나 현대 신학계에서는 이런 인식이 아직 미비합니다. 특히 구약 해석에서 더욱 그렇습니다.

그동안 신학자들은 선교가 구약, 신약, 교회사, 교리라는 네 개의 큰 신학 주제에 끼일 수 없다고 생각해 왔습니다. 선교학자들 또한 주로 실질적이고 실천적인 선교를 강조하다 보니, 신학적인 대화에 참여하거나 이를 주도하지 못했습니다. 선교를 학문이라기보다는, 타문화권 전도의 방법론을 다루는 주제로만 여기는 수준에 그친 것입니다. 그 결과, 신학자들은 선교적 관점 없이 신학을 했고, 선교사들은 신학적 기반 없이 선교를 하는 경향이 많았습니다.

그러나 예수님과 내가 구약을 선교적으로 이해하고 적용했으며, 이 선교적 관점으로 초대 교회 성도들을 가르쳤다는 것을 유념하십시오. 선교적 관점에서 성경을 읽어야 하는 이유는, 구약과 신약의 몇몇 본문에 선교 명령이 기록되어 있기 때문만이 아닙니다. 선교는 성경 전체의 흐름이고 맥이기 때문입니다. 선교의 주제는 나중에 추가된 것이 아니라, 처음부터 성경에 있었던 하나님의 심장입니다.

그러므로 선교는 신학 교육에서 단순히 필수 과목으로 다뤄져야 할 정도가 아니라, 교육 커리큘럼의 중심이 되어야 합니다. 신학교와 신학자들은 선교의 당위성과 필요성을 강조하여, 장차 목회자가 될 신학생들은 물론 교단 지도자들과 목회자들에게 선교의 중요성을 확실히 인식시킬 수 있어야 합니다. 교회도 선교를 한 부수적 사역으로 진행할 것이 아니라, 선교를 위해 그리고 선교에 의해 전체 사역을 조정해 나가야 합니다.

우리는 선교적으로 성경을 읽고, 가르치고, 살아 내야 합니다. 선교는 성도들의 전도 활동을 넘어서, 하나님의 백성의 정체성을 나타내는 증표입니다. 신학도를 비롯한 모든 그리스도인은 하나님의 선교와 그 백성에게 맡겨진 선교적 역할을 이해하고 실천해야 할 것입니다. 특히 신학자들과 선교학자들 모두 신·구약 성경에 담긴 선교의 중심성과 큰 그림을 간파하여, 신학과 선교가 선교적 관점으로 신학 교육과 선교 사역을 서로 보완하고 지원할 수 있어야 합니다. 그리하여 신학자와 목회자와 선교사가 각자의 역할에 충실하면서 하나님 나라의 확장을 위해 서로 돕고 보완하며 함께 실천하는 진정한 동역을 이루길 축복합니다.

# 5

학설이나 교리보다
진리를
수호하십시오

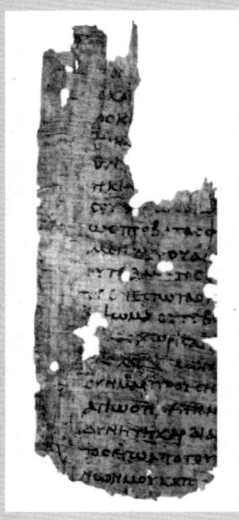

𝔓²⁷(롬 8:12-22, 24-27), 3세기 초, 케임브리지대학교 소장 © 위키피디아

신약성경의 전체 또는 일부를 담은 사본의 수는 그 어떤 고대 문서보다도 많습니다. 현재까지 모두 1,276개가 발견되었으며, 그중 140개는 원문이 상당히 정확하게 기록된 것으로 나타났습니다. 고대 문학 작품이 담긴 파피루스는 극소수만이 발견되었습니다. 율리우스 카이사르(Gaius Julius Caesar)의 《갈리아 전쟁기》(Gallic Wars)의 경우는 10여 개의 사본만이 전해지는데, 원작이 주전 100년경에 쓰인 반면, 발견된 사본 중 가장 오래된 것은 주후 900년경에 작성된 것입니다. 무려 1천 년의 시간차가 존재합니다. 반면, 바울 서신 사본은 그 수가 매우 많을 뿐 아니라, 원본과의 시간적 간격도 120-150년 정도에 불과해 원본에 매우 가깝다고 볼 수 있습니다.

| 롬 10:11-13 |

성경에 이르되 누구든지 그를 믿는 자는 부끄러움을 당하지 아니하리라 하니 유대인이나 헬라인이나 차별이 없음이라 한 분이신 주께서 모든 사람의 주가 되사 그를 부르는 모든 사람에게 부요하시도다 누구든지 주의 이름을 부르는 자는 구원을 받으리라

현대 신학자들과 신학생들은 다양한 학설과 교리에 노출되어 있습니다. 그러다 보니 더 이해가 되고 설득력 있어 보이는 것을 선호하게 됩니다. 그런 것을 확신하게 되면 '전제'(presuppositions)가 형성되고, 이를 주장하며 남을 설득하려는 단계로 나아갑니다. 이것이 잘못된 것은 아니지만, 전제라는 색안경을 쓰고 성경과 다른 저술과 자료들을 읽다 보면, 그 전제에 맞거나

유사한 것은 점점 더 확신으로 다가와 다른 견해와 학설을 균형 있게 보지 못하는 부작용이 생기기도 합니다.

특히 소속 교단의 교리로 자리 잡은 특정 주제들의 경우는 더욱 그렇습니다. 신학자들의 임무는 성경이 말하는 진리를 찾아내고 부각시키는 것인데, 교단 신학교에서 가르치는 교수라면 교단의 교리에 부합되지 않는 학설을 내놓기가 쉽지 않습니다. 교단 원로들의 심기를 생각하지 않을 수 없기 때문입니다. 오히려 교단 교리를 더 강화하는 신학적 입장을 취하게 되기 쉽습니다.

그러나 신학자는 복음의 진리를 수호하기 위해 목소리를 내는 것을 두려워하지 말아야 합니다. 나는 예루살렘 공회에서 이방 성도들도 율법을 지켜야 한다는 유대주의자들의 주장을 반박하며, 이방 성도들이 믿음으로 얻은 구원을 옹호했습니다. 안디옥 사건 때 공개적인 자리에서 예수님의 수제자였던 베드로를 질책한 것은 결코 쉬운 일이 아니었지만, 진리를 지키기 위해서는 불가피했습니다. 감사하게도 베드로는 그 후에도 나와 우정을 나누며 동역을 계속해 주었습니다(벧후 3:15-16).

# 예정론을 둘러싼 논쟁

수백 년 동안 신학계를 지배해 온 교리 중 하나인 예정론을 예로 들어 보겠습니다. 하나님께서 구원받을 자와 받지 못할 자를 예정하셨는가에 대한 학설입니다. 이 편지에서 어느 학설이 옳은가를 논증하려는 것이 아닙니다. 대신, 하나님의 경전인 성경의 내용으로 학문하는 자세에 대해 말하고자 합니다.

예정론은 전지전능하신 하나님께서 사람들의 운명, 특히 구원을 예정하셨다는 교리입니다. 주로 구약의 말씀에 근거합니다.

너희를 내 백성으로 삼고 나는 너희의 하나님이 되리니 (출 6:7).

여호와께서 네 조상들을 사랑하신 고로 그 후손인 너를 택하시고 큰 권능으로 친히 인도하여 애굽에서 나오게 하시며(신 4:37).

네 하나님 여호와께서 지상 만민 중에서 너를 자기 기업의 백성으로 택하셨나니(신 7:6, 14:2 참고).

예수님의 말씀과 베드로의 서신도 이에 대한 근거로 사용됩니다.

너희가 나를 택한 것이 아니요 내가 너희를 택하여 세웠나니(요 15:16).

택하신 자들을 위하여 그날들을 감하시리라 … 그들이 그의 택하신 자들을 하늘 이 끝에서 저 끝까지 사방에서 모으리라(마 24:22, 31).

예수 그리스도의 피 뿌림을 얻기 위하여 택하심을 받은 자들에게 편지하노니(벧전 1:2).

너희는 택하신 족속이요(벧전 2:9).

나의 발언도 활용합니다.

찬송하리로다 하나님 곧 우리 주 예수 그리스도의 아버지께서 그리스도 안에서 하늘에 속한 모든 신령한 복을 우리에게 주시되 곧 창세전에 그리스도 안에서 우리를 택하사 우리로 사랑 안에서 그 앞에 거룩하고 흠이 없게 하시려고 그 기쁘신 뜻대로 우리를 예정하사 예수 그리스도로 말미암아 자기의 아들들이 되게 하셨으니(엡 1:3-5).

누가 능히 하나님께서 택하신 자들을 고발하리요 의롭다 하신 이는 하나님이시니 누가 정죄하리요(롬 8:33-34).

하나님이 처음부터 너희를 택하사 성령의 거룩하게 하심과 진리를 믿음으로 구원을 받게 하심이니(살후 2:13).

내가 택함 받은 자들을 위하여 모든 것을 참음은 그들도 그리스도 예수 안에 있는 구원을 영원한 영광과 함께 받게 하려 함이라(딤후 2:10).

이런 말씀들을 보면, 하나님께서 구원받을 자를 예정하고 택하셨다는 주장에 근거가 탄탄한 듯 보입니다.

그러나 문제는, 이 교리를 지나치게 강조하다 보니 어떤 사람들은 구원을 예정받지 못했고, 따라서 아무리 노력해도 하나님의 뜻을 거슬러 구원받을 수 없다는 극단적 입장으로까지 나아간다는 것입니다. 이는 안타까운 신학적 해석이며 주장입니다.

하지만 극단적 예정론을 주장하는 이들이 간과하는 중요한 사실이 있습니다. 이런 말씀들은 하나님의 백성인 이스라엘과 예수님을 믿는 제자들과 성도들에게 하신 말씀이라는 것입니다. 특히 핍박을 겪는 하나님의 백성에게 주신 말씀입니다. 불신자에게 구원을 받지 못하도록 예정되었다고 하신 말씀은 없습니다.

나 역시 그런 말을 한 적이 없습니다. 데살로니가 성도들에게 보낸 편지에 힌트가 있습니다.

> 하나님의 사랑하심을 받은 형제들아 너희를 택하심을 아노라 이는 우리 복음이 너희에게 말로만 이른 것이 아니라 또한 능력과 성령과 큰 확신으로 된 것임이라(살전 1:4-5).

하나님께서 저들을 택하셨기에 복음이 그들에게 이

르렀고 예수님을 믿게 되었다고 쓰지 않았습니다. 오히려 우리가 전한 복음으로 그들이 구원의 증거를 확실히 나타내는 것을 보고, 하나님께서 저들을 택하셨다는 것을 알게 되었다고 썼습니다. 성도의 구원이 성도의 택정을 알게 했다는 것입니다. 내가 예정과 선택의 주제를 가장 강조한 에베소서 1장 4-14절도 이미 예수님을 믿는 성도들에게 한 말임을 유념해야 합니다.

핍박받는 성도들에게 구원의 은혜와 하나님의 축복을 설명하는 데 있어, 그들이 하나님의 은혜로 택함을 받았다는 것보다 더 큰 위로와 확신을 주는 말은 없을 것입니다. 성도들이 하나님의 택정을 받았다는 것은 신학적으로 옳을 뿐 아니라 목회적으로도 박해를 견디는 성도들에게 큰 위로를 주기 때문에 이 말씀을 해 준 것입니다.

우리는 아래에 인용된 말씀들도 참작해서 균형을 잡아야 합니다. "하나님은 모든 사람이 구원을 받으며 진리를 아는 데에 이르기를 원하시"고, "구원을 주시는 하나님의 은혜"는 모든 사람에게 나타났습니다(딤전 2:4; 딛 2:11). 예수님도 수고하고 무거운 짐 진 모든 사람을 초대하셨고, 목마른 자는 누구든지 오라고 하셨습니다(마 11:28; 요

7:37). 큰 잔치의 비유에서도 시내의 거리와 골목으로 나가 누구든지 데려오라고 하셨습니다(마 22:9).

예수님은 모든 성과 촌에 두루 다니며 전도하셨고(마 9:35-36; 막 1:38-39), 나 또한 수많은 도시를 찾아가 만나는 모든 사람에게 복음을 전했습니다. "하나님께서 전도의 미련한 것으로 믿는 자들을 구원하시기를 기뻐하"시기 때문입니다(고전 1:21).

성령께서도 원하는 자는 누구든지 와서 값없이 생명수를 받으라고 하십니다(계 22:17). 주님의 구원의 은혜는 모든 사람에게 열려 있습니다. 모든 사람이 죄를 범하여 하나님의 영광에 이르지 못하기에, 주님은 모든 사람을 위해 십자가에서 온 인류의 죄를 대신 지고 그 보혈로 죗값을 치르셨습니다.

누가는 비시디아 안디옥의 사역 결과를 전하면서 "영생을 주시기로 작정된 자는 다 믿더라"(행 13:48)라고 기록했습니다. 그러나 이것은 다른 사람들은 영생을 주기로 작정하지 않으셔서 믿지 못했다는 뜻이 아닙니다. 오히려 이 말씀에 앞서 나는 "너희가 … 영생을 얻기에 합당하지 않은 자로 자처"했다고 지적했습니다(행 13:46).

그날 전해진 복음을 듣고도 구원을 받지 못한 사람은 예수님의 사랑의 대속을 자의(自意)로 믿지 않았기 때문이지, 하나님이 구원을 받지 못하도록 예정하셨기 때문이 아닙니다. 만약 그렇다면, 믿지 않음에 대해 심판하실 수 없을 것입니다.

하나님이 누구를 예정하셨다고 해서, 누구는 예정하지 않으셨을 것이라고 결론을 내리는 것은 불필요한 질문이며, 논리의 비약입니다. 이런 결론은 복음을 듣고도 믿지 않는 자들에게 면책권을 주고, 오히려 그들의 불신에 대한 책임을 하나님께 돌리는 결과를 가져오고 맙니다. 이것은 나의 의도도 아니며, 성경의 가르침도 아닙니다.

## 이방인도 택하신 하나님

구약에서 하나님이 이스라엘은 택하고 이방인들은 택하지 않으신 것은 사실입니다. 그러나 그것은 예수님이 오시기까지의 한시적인 것이었습니다. 신약에는 이방인도 택정을 받았다는 말씀으로 가득 차 있습니다. 내가 이것을 특별히 강조했습니다.

> 그때에 너희는 그리스도 밖에 있었고 이스라엘 나라 밖의 사람이라 약속의 언약들에 대하여는 외인이요 세상에서 소망이 없고 하나님도 없는 자이더니 이제는 전에 멀리 있던 너희가 그리스도 예수 안에서 그리스도의 피로 가까워졌느니라 그는 우리의 화평이신지라 둘로 하나를 만드사 원수 된 것 곧 중간에 막힌 담을 자기 육체로 허시고 법조문으로 된 계명의 율법을 폐하셨으니 이는 이 둘로 자기 안에서 한 새사람을 지어 화평하게 하시고(엡 2:12-15).

'이제는' 상황이 달라진 것입니다. 예수님의 십자가와 부활 사건 이후, 인류는 더 이상 유대인과 이방인으로 나뉘지 않고, 그리스도인과 비그리스도인으로 나뉘게 되었습니다. 구원의 은총은 유대인과 이방인의 구분 없이, 모두에게 믿음을 조건으로 주어졌습니다.

> 유대인이나 헬라인이나 차별이 없음이라 한 분이신 주께

서 모든 사람의 주가 되사 그를 부르는 모든 사람에게 부요하시도다 누구든지 주의 이름을 부르는 자는 구원을 받으리라(롬 10:12-13).

하나님의 구원의 은혜는 모든 사람에게 주어졌기에, 이제 중요하게 남은 구원의 조건은 예수님이 하나님의 아들 그리스도이시며, 우리를 위해 십자가에서 죽으시고 부활하셨음을 믿는가 여부입니다.

이제 하나님은 예수님 안에서 유대인뿐 아니라 이방인에게도 구원을 베풀어 당신의 백성으로 부르기로 선택하셨습니다. 로마서에도 분명히 기록했습니다.

내가 내 백성 아닌 자를 내 백성이라, 사랑하지 아니한 자를 사랑한 자라 부르리라 너희는 내 백성이 아니라 한 그곳에서 그들이 살아 계신 하나님의 아들이라 일컬음을 받으리라 함과 같으니라(롬 9:25-26).

여기서 '내 백성이 아닌 자', '사랑하지 아니한 자'는 문맥상 이방인을 가리킵니다. 하나님께서 이방인을 '내 백성', '내 사랑하는 자'라고 부르셨다는 말씀입니다. 하나님은 유대인의 하나님만 되시는 분이 아니라, 이제 예수 안에서 이방인의 하나님도 되시기 때문입니다(롬 3:29).

예수 안에서는 유대인이나 이방인이나 차별이 없는 것이 하나님의 원리입니다(롬 3:22, 10:12; 갈 3:28; 골 3:11). "하나님께서는 사람을 차별함이 없이 대하시기 때문"에, 누구는 구원하고 누구는 구원하지 않도록 미리 예정하지 않으십니다. 누구든지 주의 이름을 부르는 자는 구원을 얻습니다(롬 2:11, 10:13, 새번역).

로마서의 말씀을 근거로 믿지 않고 멸망할 자들이 예정되어 있다고 오해하지 않기 바랍니다.

> 이스라엘이 구하는 그것을 얻지 못하고 오직 택하심을 입은 자가 얻었고 그 남은 자들은 우둔하여졌느니라 기록된 바 하나님이 오늘까지 그들에게 혼미한 심령과 보지 못할 눈과 듣지 못할 귀를 주셨다 함과 같으니라(롬 11:7-8).

이 말씀은 메시아가 오셨는데도 그토록 메시아를 기다리던 유대인들이 왜 믿지 않는지를 구약을 인용하여 설명하는 과정에서 나온 것입니다. 이사야 선지자는 예루살렘이 이방의 침략을 받은 것은 하나님께서 깊이 잠들게 하는 영을 부어 주시고, 눈을 감기시며, 선견자들을 덮으셨기 때문이라고 했습니다(사 29:10).

그러나 이사야는 거기서 끝내지 않습니다. 하나님께서 장차 공의로 통치할 한 왕을 보내 주실 것이며, 맹인의 눈이 밝아지고, 못 듣는 자들의 귀가 열리며, 하나님께서 새 일을 행하고 모든 죄를 사하실 것이라고 약속했습니다(사 32:1, 35:5, 43:18-19). 영원히 혼미한 심령과 보지 못할 눈과 듣지 못할 귀를 주셨다는 말씀이 아닙니다.

마찬가지로 나도 1세기 유대인들의 불신의 이유를 한 시점으로 한정해 하나님 입장에서 설명한 것이지, 유대인들의 믿음 없음을 옹호하거나 대신 하나님께 책임을 돌리려는 것이 아니었습니다. 이사야처럼 나도 이스라엘이 회복할 수 없을 정도로 넘어진 것은 아니며, 그들이 믿지 않는 데 머물지 않으면 다시 접붙임을 받고 많은 이스라엘이 구원을 받을 것이라고 천명했습니다(롬 11:11-12, 23, 25-26).

그러므로 누구에게나 복음을 전하는 것이 중요합니

다. 전도는 하나님이 예정하신 자를 찾는 것이 아니라, 예수님이 이루신 일을 듣고 믿음으로 반응할 기회를 모든 사람에게 주는 것입니다. 복음을 듣지 못하면 믿을 수 없고, 믿지 못하면 주님의 이름을 부를 수 없기에, 좋은 소식을 전하는 일을 계속해야 할 것입니다. 나도 그래서 유대인과 이방인을 가리지 않고 복음을 전하기 위해 최선을 다했습니다(롬 10:14-15; 고전 9:19-23).

## 반유대주의와 대체신학

전제를 가지고 성경을 읽고 학설과 교리를 형성하면서 성경 속 진리를 분별하지 못하게 된 가장 오래되고 영향력 있는 사례가 바로 대체신학 혹은 성취신학입니다. 이로 인해 기독교 초기 교부 시대부터 유대인에 대한 성경적 오해로 반(反)유대적 신학이 형성되었습니다.

대체신학은 유대 민족이 예수님을 십자가에 못 박아 죽였기 때문에 하나님께서 그들을 거부하셨고, 이제 이스라엘은 하나님의 계획에서 더 이상 역할과 미래가 없으며, 대신 교회를 새 이스라엘로 선택하셔서 하나님의 언약이 교회로 이전되었다는 신학적 교리입니다.

순교자 유스티누스(Justinus, 100-165년경), 테르툴리아누스(Tertullianus, 160-220년경), 오리게네스(Origenes, 185-254년경)부터 대체신학이 제기되기 시작하여, 히에로니무스(Hieronymus, 342/347-420년), 아우구스티누스(Augustinus, 354-430년)에 의해 확고해졌습니다. 이 신학의 영향으로 십자군 전쟁 중 수많은 유대인이 학살당하거나 강제로 가톨릭으로 개종당했습니다. 가톨릭은 철저한 대체신학적 입장을 고수했고, 마르틴 루터(Martin Luther)의 종교 개혁으로 시작된 개신교도 같은 교리를 유지했습니다.

루터는 저술과 설교에서 반유대적 발언을 서슴지 않았고, 히틀러(Adolf Hitler)는 이런 신학을 정치적 목적에 백분 활용하며 유대인 박해를 정당화했습니다. 제2차 세계대전이 끝난 후, 나치의 유대인 대학살(the Holocaust) 만행이 드러나고 이스라엘이 영토를 확보하여 독립 국가를 세운 뒤 친유대주의적 신학이 형성되기도 했지만, 1,700여 년을 이어 온 대체신학의 영향력은 지금도 강력합니다. 신학계와 교계뿐 아니라 정치계와 사회 전반에도 반유대주의적 성향이 만연합니다.

대체신학을 주창한 학자들이 나의 가르침 중 일부를 그들의 신학적 입장을 형성하는 근거로 삼은 것을 보면 마음이 아픕니다. 나의 가르침과 사역을 오해한 것입니다. 나는 이스라엘의 소망에 대해 늘 말했고, 민족적 이스라엘의 구원을 염원하며 확신했습니다(행 28:20; 롬 11:23-26).

1차부터 3차 선교 여행에 이르기까지, 나는 선교지에 도착하면 습관적으로 유대인 회당부터 찾아가 복음을 전했습니다(행 17:2 등). 유대인의 특권과 나음, 할례의 유익을 인정했습니다(롬 3:1-2, 9:4-5). 로마서에서는 유대인을 향한 나의 깊은 관심과 애정을 표현했습니다(롬 9:1-3, 10:1, 11:14, 23-29). 특히 로마서 9-11장에서는 유대인과 이방인을 향한 하나님의 계획의 동등성을 논증했습니다.

로마서에서 '이스라엘'은 민족적 이스라엘을 의미하지, '교회'를 의미하지 않습니다. 이스라엘을 교회로 바꾸어 읽으면 논지가 성립되지 않습니다. 예를 들어, "그리하여 온 이스라엘이 구원을 받으리라"(롬 11:26)가

'온 교회가 구원을 받으리라'라는 의미라면, 교회는 이미 구원받은 사람들이 모인 공동체이므로 '구원을 받으리라'라는 표현이 맞지 않고, 또 이방인의 수가 찬 후에 드러날 신비한 비밀이 될 수 없습니다. 그런 의미라면 상식에 불과하며, 말할 필요도 없는 발언입니다. 내가 말한 비밀은, 이방인의 수가 찬 후에 이스라엘 민족 가운데 놀라운 구원의 역사가 있을 것이라는 내용입니다. "[이스라엘을 향한] 하나님의 은사와 부르심에는 후회하심이 없"기 때문입니다(롬 11:28-29).

대체신학 주창자들은 "무릇 이 규례를 행하는 자에게와 하나님의 이스라엘에게 평강과 긍휼이 있을지어다"(갈 6:16)라는 말씀에서, '규례를 행하는 자'와 '하나님의 이스라엘'을 '교회'를 가리키는 한 그룹으로 해석하여 신학적 근거로 삼았습니다. 하지만 나는 '하나님의 이스라엘에게' 앞에 두 번째 '카이'(kai, 그리고)를 써서, 헬라어 원문상 이들이 두 그룹임을 명시했습니다.

남자나 여자나, 종이나 자유자나 차별이 없는 것처럼, 유대인과 이방인이 그리스도 안에서 동등하다는 것이 나의 핵심적 입장입니다. 나는 이방 성도들로 이루어진 기독교회가 구약의 유대인들이 갖고 있던 하나님의 백성 자리를 대체했다고 말한 적이 없습니다. 오히려 유대인과 이방인 중 예수님을 믿는 성도들이 함께 한 새사람을 이루었음을 강조했습니다(엡 2:14-18). 이는 신앙을 가진 이방인들이 하나님의 백성에 포함되었다는 의미입니다.

따라서 굳이 말하자면, 내가 가르친 것은 대체신학(replacement theology)이 아니라 포함신학(inclusive theology)입니다. 이방인들이 이스라엘의 구원의 축복에 포함되었음을 강조했습니다. 하나님의 백성에 포함되었고, 아브라함의 자손으로 포함되었습니다(롬 3:29, 4:12, 16, 9:25-26). 구원의 은총이 먼저 이스라엘에 임하였지만, 이스라엘이 거절하였기에 하나님의 섭리 가운데 그 은총이 이방인에게 퍼져 나가게 된 것입니다.

감람나무의 비유에서 보듯, 이스라엘은 참감람나무고 이방인은 돌감람나무입니다. 이스라엘이 믿지 않아 꺾인 것은, 이방인이 참감람나무에 접붙임을 받게 하려는 하나님의 섭리 때문이었습니다. 그러나 이스라엘은 언제든지 믿기만 하면 쉽게 다시 접붙임을 받을 것이라고 천명했습니다(롬 11:17-24). 그러므로 이방인들은 유대인을 향해 높은 마음을 품지 말고 도리어 두려워해야 합니다(롬 11:20).

하나님은 결코 당신의 백성을 버리신 것이 아니며, 넘어져도 회복 불가능하게 쓰러진 것이 아닙니다(롬 11:1, 11-12). 내가 유대인을 하나님의 백성이라 지칭하고, 내가 이스라엘 사람임을 잊거나 버리지 않았음을 기억하십시오. 그러기에 나는 유대인을 향해 지대한 관심과 애정을 가졌고, 그들의 구원을 위해 어떤 일이라도 하려 했습니다(롬 10:1, 11:14; 고전 9:19-20).

하나님께서 보여 주신 경륜의 비밀이 교회가 이스라엘을 대체한 것이었다면, 나는 이스라엘의 불신을 애타하지 않았을 것입니다. 하나님께서 내게 보여 주신 경륜의 비밀은, 유대인과 이방인이 더 이상 둘이 아니요, 이방 성도도 "[유대] 성도들과 동일한 시민이요 하나님의 권속"으로 한 새사람을 이루는 것이었습니다(엡 2:19).

훗날 로마 제국이 기독교를 공인하고 이방인이 교회의 절대다수를 이루면서, 기독교에서 유대적 요소를 없애려는 정치적, 신학적 동기에서 반유대주의적 대체신학이 본격적으로 형성되기 시작했습니다. 이런 전제를 가지고 성경 구절들을 찾아 모으고, 때로는 억지 해석까지 덧붙여 신학 체계를 이루면서, 내가 제시한 신학적 균형을 놓치고 말았습니다.

확신에 찬 전제를 따라 신학적 발언을 쏟아내는 사람들이 있습니다. 그들이 아무리 유명한 신학자라 해도, 그들을 맹목적으로 따라가서는 안 됩니다. 아우구스티누스나 루터가 교회에 공헌한 바가 많지만, 진리를 온전히 드러내지 못한 부분도 많았습니다. 아우구스티누스나 루터도 그들이 살던 시대의 사람이었습니다. 그래서 당시의 교회 상황과 자신의 경험으로 성경을 읽고 이해했으며, 그 관점에서 신학 작업을 했습니다. 그러다 보니 교회에 공헌한 바가 많았음에도 불구하고 어떤 분야에 대해서는 진리를 온전히 드러내지 못한 부분도 있었습니다.

물론 예수님께서 유대인들의 완악한 마음과 영적 무지(無知)를 지적하면서, 심지어 '마귀의 자식'이라고 질책하신 적도 있습니다(요 8:44). 나도 복음을 듣고도 예수님을 믿지 않는 유대인들을 여러 차례 질타한 바 있습니다(롬 2:5, 10:2, 11:20; 고후 3:14, 4:4; 살전 2:15-16). 그러나 이런 질책의 대상은 유대 민족 전체가 아니라, 예수님과 나의 메시지를 혼신을 다하여 거부하는 일부 유대인이었습니다. 질책했다고 해서 반유대적 생각을 가졌다는 뜻은 아니며, 하나님께서 이제는 유대인을 떠나 교회를 하나님의 백성으로 대체하셨다는 말은 더더욱 아니었습니다.

## 친유대주의와 '특별한 길'

이런 반유대주의적 신학 입장을 정면으로 부정하는 친(親)유대주의적 신학이 제2차 세계대전 이후 새롭게 제기되었습니다. 루터를 비롯한 종교 개혁자들은 "사람은 어떻게 구원을 받을 수 있는가?"라는 질문을 가지고 로마서를 읽어 이신칭의 신학을 발견해 냈습니다. 그러나 나치의 유대인 대학살 이후의 신학자들은 "하나님은 과연 유대인들을 버리셨는가?"라는 질문으로 로마서를 읽었고, 그 결과 로마서는 유대인과 이방인의 관계를 다루며 유대인의 우선성 혹은 우월성을 설명하는 서신이라는 결론을 내렸습니다.

이들이 제시한 성경적 근거는, 복음이 "먼저는 유대인에게요 그리고 헬라인에게로다"(롬 1:16-17, 2:9-10)라는 구절과 '유대인의 특권'(롬 3:1-2, 9:4-5), '이스라엘의 밝은 미래'(롬 11:26) 등에 관한 내용입니다. 이들은 구원에는 두 가지 길(Zwei Heilswege)이 있다고 주장했습니다. 즉, 이방인은 예수를 믿어 구원에 이르고, 유대인은 아브라함이 하나님께 받은 언약을 따라 구원을 받는다는 것입니다. 유대인은 예수를 통하지 않고도 아브라함 언약이라는 '특별한 길'(Sonderweg)로 구원을 받는다고 주장했습니다. 이 학파는 내가 로마교회에 팽배한 반유대주의를 바로잡기 위해 로마서를 썼다고 해석했습니다.

그러나 이것 또한 의도와 전제를 가지고 성경을 해석한, 신학적 오류의 전형적인 모습입니다. 로마서가 유대인과 이방인의 관계를 설명하는 서신이라는 것은 맞는 발견이었으나, 그 관계의 성격을 유대인의 우월성으로 이해한 것은 나의 논지를 잘못 파악한 것입니다. 눈여겨보아야 할 것은, 내가 로마서에서 반복해서 선언한 '차별이 없다'는 진리입니다(롬 3:9, 22, 10:12-13). 나는 유대인의 특권은 간단히 언급했지만(롬 3:1-2, 9:4-5), 정작 이방인도 예수 안에서 이 특권에 포함되었음을 로마서 5-8장에서 길게 논증했습니다. 유대인의 '특별한 길'을 주장하는 신학자들은 나의 이런 논지와 의도를 감안하지 않았습니다.

"먼저는 유대인에게요 그리고 헬라인에게"라는 말은, "악을 행하는 각 사람의 영에는 환난과 곤고가 있으리니 먼저는 유대인에게요 그리고 헬라인에게"에서도 쓰였으므로 이 문구가 반드시 유대인의 우월성을 뜻하는 발언이라고는 보기 어렵습니다(롬 2:9-10). 헬라어 원문을 보면, 이 문구의 바른 번역은 "먼저는 유대인에게요 그리고[그다음은] 헬라인에게"가 아니라, "첫째는 유대인에게요 또한[동등하게] 헬라인에게"(Ioudaiō te prōton kai Hellēni)입니다. 하나님은 어느 민족이 더 우월하거나 열등하다고 보시지 않습니다(롬 2:11).

만일 아브라함의 자손인 유대인이, 하나님이 아브라함과 맺은 언약 때문에 예수님을 믿지 않아도 구원을 받는다면, 나는 왜 핍박을 감수하면서 회당마다 찾아다니며 복음을 전했겠습니까? 유대인은 베드로와 나처럼, 예수님을 믿어야 구원을 받습니다. 이것이 재림 때까지 부지런히 유대인들에게 복음을 전해야 하는 이유입니다.

내가 로마서 전체에서 논증한 주제는 유대인과 이방인의 동등성이었습니다. 그래서 유대인과 이방인의 죄성의 동등성(롬 1:18-3:20), 칭의의 동등성(롬 3:21-4:25), 새로운 신분의 동등성(롬 5:1-8:39), 유대인과 이방인을 향한 하나님의 계획의 동등성(롬 9:1-11:36)을 설명했고, 이런 동등성에 근거하여 사랑과 연합을 이루라고 강조한 것이 로마서의 흐름입니다(롬 12:1-16:27).

로마서뿐 아니라 바울서신 전체에서 내가 강조한 것은 반유대주의도, 친유대주의도 아니었습니다. 이방인이 믿음으로 얻은 구원에 추가하여 율법을 지키고 할례를 받아야 한다고 유대주의자들이 집요하게 주장하며 교회들을 훼방하는 상황에서, 나는 이방인이 믿음으로 얻은 구원이 충분하고 정당하며, 따라서 율법과 할례를 지킬 필요가 없다는 것을 논증하여 로마교회를 준비시키고자 로마서를 쓴 것입니다.

다수의 유대인이 예수님을 믿지 않는 것은 분명 질책받을 일이지만, 하나님은 그들의 불신을 이방인에게 복음의 통로를 열어 주는 섭리로 사용하셨습니다. 그리고 궁극적으로, 이방인의 충만한 수가 채워진 후에는 많은 유대인이 예수님을 믿고 구원에 이를 것이라고 설명했습니다. 나는 반유대주의적 대체신학을 주장하지도 않았고, 친유대주의적 '특별한 길'을 가르치지도 않았습니다. 오히려 한 분이신 하나님은 "할례자도 믿음으로 말미암아 또한 무할례자도 믿음으로 말미암아 의롭다 하"신다고, 동등한 구원의 길을 선언했습니다 (롬 3:30).

## 경중(輕重)과 문맥을 살펴 진의를 파악하라

신학을 연구할 때 성경이 말하는 것 이상을 유추하는 것은 지양하는 것이 좋습니다. 예를 들어, '하나님께서 너희를 택하셨다'고 하면 곧바로 '그렇다면 택함 받지 못한 사람도 있겠지'라고 유추하여, 결국 그런 사람들은 전도해도 구원받지 못할 것이라는 비약된 결론을 내립니다. 혹은 구원의 은혜에 감사하며 바르게 살라는 말씀을 보고, 바르게 살지 못하면 구원을 빼앗길 것이라고 해석하고 그것을 뒷받침할 자료를 모읍니다. 또 하나님께 전적인 주권이 있다고 하면, 인간의 할 일은 그리 중요하지 않다고 생각해 버립니다.

이는 마치 전도받는 사람들이 복음을 거부하면서 "아프리카 산골짜기에서 예수님에 대해 한 번도 들어 보지 못한 사람은 구원을 받지 못하느냐"고 되묻는 것과 같습니다. 성경은 인간이 궁금해하는 모든 것을 다 답해 주는 교본이 아닙니다. 하나님께서 공의와 지혜로 다 해결하실 것입니다. 성경이 말하는 것 이상을 신학적으로 유추하는 것은 바른 신학의 방법이 아닙니다. 혹 상반되는 자료가 있다 할지라도, 그 말씀의 경중을 분별하고 문맥을 살펴 진의를 파악해야 합니다.

신학자들은 성경의 내용 중에서도 주제의 경중을 가려 중요한 것은 중요한 것으로, 덜 중요한 것은 덜 중요한 것으로 설명해 주어야 합니다. 더 나아가 성경의 맥과 흐름을 잡아 주어 성도들이 보다 포괄적이고 쉽게 성경을 이해하도록 도와주어야 합니다.

나의 신학은 예수님의 신성과 죽으심과 부활의 내용을 담은 복음에 기초했습니다. "이 복음은 하나님이 선지자들을 통하여 그의 아들에 관하여 [구약]성경에 미리 약속하신 것"입니다(롬 1:2; 요 5:39, 46; 눅 24:44). 그래서 나는 "성경대로 그리스도께서 우리 죄를 위하여 죽으시고 장사 지낸 바 되셨다가 성경대로 사흘 만에 다시 살아나"신 것을 가장 중요한 메시지로 전했습니다(고전 15:3-4).

비시디아 안디옥 회당에서 유대인들에게 "하나님이 약속하신 대로 이 사람[다윗]의 후손에서 이스라엘을 위하여 구주를 세우셨으니 곧 예수라"고 선포했습니다(행 13:23). 그분의 십자가 죽음은 "[구약]성경에 그를 가리켜 기록한 말씀을 다 응하게 한 것"이며, 그분의 부활도 "하나님께서 죽은 자 가운데서 그를 일으키사 다시 썩음을 당하지 않게 하실 것"이라고 "조상들에게 주신 약속"에 따른 것임을 구약을 인용하여 증명했습니다(행 13:29, 33-37; 시 2:7, 16:1; 사 55:3).

나는 "성경을 가지고 강론하며 뜻을 풀어 그리스도가 해를 받고 죽은 자 가운데서 다시 살아나야 할 것을 증언하고 이르되 내가 너희에게 전하는 이 예수가 곧 그리스도라"(행 17:2-3)라고 전했는데, 이것이 내 메시지의 핵심이었습니다. 베뢰아의 많은 유대인과 헬라인은 간절한 마음으로 이 말씀을 받고, 이것이 그러한가 하여 날마다 성경을 상고하며 예수님을 믿었습니다(행 17:11-12). 고린도, 에베소, 로마에서도 마찬가지였습니다(행 18:4-5, 19:8, 28:23).

그러므로 당신이 바울신학을 공부하거나 가르치는 사람이라면, 내가 가장 중요한 메시지로 전한 이 복음의 의미와 역할을 인지하고, 그 이해를 바탕으로 신학 작업을 하길 바랍니다.

## 교리와 진리 사이에서

우리는 학설이나 교리보다 진리를 옹호하는 사람이 되어야 합니다. 교리도 진리도 모두 성경에 어느 정도 뿌리를 두고 있지만, 방대한 성경의 가르침을 제한된 지식과 관점으로 이해하다 보면 어떤 부분을 특별히 선호하게 되고, 나름대로 체계적으로 근거를 모으고 쌓아가게 됩니다. 시간이 흐르면서 교리가 형성되고, 교리를 중심으로 교단이, 학설을 중심으로 학파가 형성됩니다.

그런가 하면 어떤 사람들은 성경에서 다른 가르침을 강조하며 유사한 근거 자료를 모으고 체계화하여 다른 교리를 구축해 갑니다. 이런 과정에서 서로 상충된 강조점을 두고 교리적 논쟁을 벌입니다. 모두 성경에서 발견한 내용을 내세우며 격렬한 신학적 논쟁을 펼칩니다. 같은 기독교 안에서 같은 성경의 내용을 가지고 대화하면서도 서로 반목하고, 심지어 상대방을 이단으로 정죄하기도 합니다. 심지어 같은 교단 내에서도 '진리' 문제라며 신학적 논쟁으로 분열되는 경우가 많습니다. 교단 정치나 일부 지도자들의 잘못된 확신 혹은 욕심으로 교단이 분열되기도 하고, 신학적 '진리' 싸움으로 분열되기도 하는데, 이런 배경에는 신학자들의 성경 해석과 역할이 큽니다.

여기서 무엇이 진리인지 개별 주제를 놓고 일일이 설명할 수는 없습니다. 다만, 성경과 신학을 연구할 때 균형을 잃지 않고 진리를 찾아가는 원리에 대해 말하고자 합니다. 우리는 선호하는 전제나 학습한 해석이 있으면 그 안경을 쓰고 성경과 남의 책을 읽는 경우가 많습니다. 그러면 자신의 전제나 해석을 강화시켜 줄 내용을 더 좋게 보게 되고, 확신은 점점 깊어지지만, 자신과 반대되는 해석에 귀 기울이는 노력은 점점 약해집니다. 신학자로서 가르치고 책을 쓰다 보면, 점점 확신에 찬 사람이 되어 결국 극단으로 흐르게 됩니다. 그리고 어느덧 '유명한 신학자'가 되어 있는 자신을 발견하기도 합니다.

극단적인 해석과 발언을 강의나 책에서 쏟아내면 두 가지 현상이 일어납니다. 반대 진영에서는 총력을 다해 그 해석을 반박하려 하고, 같은 진영에서는 명쾌하고 강력한 논지를 폈다며 교단 지도자들의 총애를 한 몸에 받게 됩니다. 자연히 양쪽 진영에서 이름이 자주 거론되고, 책은 필독 도서가 되면서 유명 신학자의 반열에 오르게 됩니다.

그러나 하나님의 말씀을 다루는 신학자라면, 유명해지려는 유혹에 빠지기보다 진리 규명을 위해 매진해야 합니다. 진리를 찾아 밝히는 사람이 되어야 합니다. 진리를 찾는 방법은 가능한 한 모든 전제를 배제한 가운데 성경의 큰 그림 속에서 본문이 무엇을 말하는지 주해(註解)에 집중하는 것입니다. 본문의 배경과 문맥을 고려해야 합니다. 극단으로 흐르기보다 상충되는 본문(text)

과 문맥(context)을 바로 이해하고, 해석의 경중을 판단해야 합니다.

다른 사람의 저술과 자료를 최대한 철저히 이해하고 섭렵하되, 남들이 하지 않는 질문으로 바른 해석과 진리를 찾으려 노력하십시오. 그러면 새롭고 신선한 아이디어와 통찰이 가득한 글을 쓸 수 있을 것입니다. 다른 사람의 학설을 비판할 때는 항상 정확히 이해하고 공정하게 평가해야 하며, 논지는 조심스럽게 펼쳐야 합니다. 빌립보 성도들에게 "각각 자기보다 남을 낫게 여기"라고 권면했는데(빌 2:3), 이것은 신학자들이 학문하는 자세에도 적용됩니다.

성경에 대한 철저한 연구와 열정 그리고 상식으로 해당 주제를 해석해야 합니다. 당신의 결론에 동의하지 않는 반대자들까지도 그 결론에 이르는 당신의 철저한 논지에 경의를 표할 수 있어야 할 것입니다. 반대 학설을 가진 학자의 글일수록 더 정확히 이해해야 합니다. 그렇지 않으면 자신의 관점에서 잘못 이해하고, 그 오해를 근거로 비판하는 실수를 범하게 됩니다.

다른 사람의 훌륭한 점은 진정으로 인정해야 합니

다. 그도 주 안에서 형제요, 당신은 겸손히 학문을 해야 하기 때문입니다. 어떤 학설을 무너뜨릴 사명으로 논지를 편다면, 그 학설은 무너뜨릴 수 있을지 모르나 당신의 글은 상식을 벗어나고 균형을 잃게 될 가능성이 큽니다. 신학은 진리를 찾아가는 과정이지, 학문적 경쟁이 아닙니다.

신학자의 길에 들어섰다면 최대한 연구에 매진해야 합니다. 다른 학자들의 학설을 요약, 비교, 비평(describe)하는 차원만으로는 부족합니다. 무엇이 왜 옳고 그르며, 어떻게 살아야 하는지까지 설명(prescribe)해 주어야 합니다. 지금까지 인정된 학설이라 할지라도, 잘못 해석된 부분은 없는지, 소홀히 취급된 영역은 없는지 살펴보고, 남들이 생각하지 못하고 보지 못했던 나름대로의 독창적 연구(originality)를 창출해 보십시오.

독창적 연구는 두 가지로 압축됩니다. 지금까지 아무도 연구하지 않았던 주제를 학문적으로 논리 있게 제시하는 것과 이미 다수 의견으로 정립된 학설에 학문적 대안을 설득력 있게 논증하는 것입니다. 새로운 것을 발견하려면, 남들이 연구하거나 질문하지 않았던 주제를 새로운 관점에서 제기해 보아야 합니다. 끊임없이 쏟아지는 지식을 찾아 모으는 데만 집중하다 보면, 독창적인 생각과 연구를 할 여유를 갖기 어려울 것입니다.

예수님은 산상수훈에서 "너희가 [구약에서] 들었으나 나는 너희에게 이르노니"라는 형식으로 구약의 여섯 가지 가르침을 재해석해 주셨습니다(마 5:21-48). 나 또한 하나님의 경륜이라는 새로운 관점에서 구약과 유대인 전통에 대한 많은 교훈을 독창적으로 재해석했습니다. 남이 찾은 지식을 축적하고 그 학설을 수용하는 것을 넘어, 내가 전한 말이 그러한가 하여 날마다 성경을 상고했던 베뢰아 성도들처럼 스스로 아직 드러나지 않은 진리를 찾고자 성경을 상고하십시오(행 17:11). 이미 다수의 의견으로 정립된 학설이라 할지라도, 그것이 그러한가 하여 성경을 상고하십시오.

교단의 교리에 묶여 그 틀을 벗어나지 못한다면, 학자의 책임을 다하지 못하는 것입니다. 교단의 교리를 가르치고 강화하는 것보다 더 중요한 것은 성경의 진리를 바로 알고, 그것을 학문적으로 설득력 있게 강의하고 저술하는 것입니다. 집단 논리에 갇히지 마십시오. 성경의 권위보다 더 높은 것은 없어야 하며, 학자적 양심과 신앙적 자유를 따라 연구할 수 있어야 합니다. 신학자로서 당신의 일차적 책임은 성경의 진리를 밝히는 것입니다.

예수님을 핍박하고 십자가에 못 박은 대제사장들과 바리새인들은 그들 나름대로의 신학적 확신에 빠져 그렇게 했습니다. 유대주의자들이 내가 개척한 교회들을 찾아다니며, 이방 성도들이 할례를 받고 율법을 지켜야 온전히 구원받는다고 주장한 것도 그들 나름의 확고한 신학적 전제와 집단적 교리가 있었기 때문입니다. 그러나 그것은 하나님이 하시는 일에 대한 이해가 없는, 잘못된 신학이었습니다.

당신도 전제나 학설에 둘러싸여 잘못 보거나 충분히 보지 못하는 것은 없는지 늘 겸손히 살피며 진리를 찾아 가길 바랍니다. 성경을 깨닫기 위해 성령님의 조명을 사모하십시오(눅 24:45). 계시되고 발견된 성경의 진리들이 도전을 받고 훼방받고 훼손되는 일을 볼 때, 진리 수호를 위해 신학적 기량을 최대한 발휘하고, 나아가 목숨까지 걸 수 있길 축복합니다.

# 6

다른 사람의 학설에도
겸손하게
귀를 기울이십시오

𝔓⁴⁹(엡 4:16-29), 3세기, 예일대학교 소장 © 위키피디아

1947년에 발견된 많은 사해문서(the Dead Sea Scrolls) 가운데에는 히브리어 이사야서 전문이 기록된 두루마리도 포함되어 있었습니다. 커다란 진흙 항아리 속에 담긴 채 고온의 건조한 사막 지역에 보관되어 있었기 때문에 거의 완벽한 상태로 발견되었습니다. 주전 125년경에 기록된 이 이사야서 본문이 현재 성경에 실린 이사야서와 거의 일치한다는 사실이 밝혀지면서, 성경이 얼마나 정확한지가 증명되었습니다. 이와 마찬가지로, 2-4세기에 복기된 바울서신 파피루스들은 19세기 말부터 발견되기 시작했으며, 이들 역시 당시까지 사용되던 바울서신과 거의 동일한 내용임이 밝혀져 그 정확성이 입증되었습니다. 동일한 본문을 담은 복수의 사본들이 발견되면서, 서로 비교하여 부식된 부분도 재구성할 수 있었습니다.

| 롬 9:23-24 |

또한 영광 받기로 예비하신 바 긍휼의 그릇에 대하여 그 영광의 풍성함을 알게 하고자 하셨을지라도 무슨 말을 하리요 이 그릇은 우리니 곧 유대인 중에서뿐 아니라 이방인 중에서도 부르신 자니라

## 하나님의 주권과 인간의 책임

예정론과 이어지는 주제가 바로 하나님의 주권과 인간의 책임에 대한 고찰입니다. 지난 수 세기 동안 신학계는 이 문제로 논쟁을 벌여 왔습니다. 장 칼뱅(Jean Calvin)은 하나님의 주권을 근거로 구원 예정론을 주창했고, 아르미니우스(Jacobus Arminius)는 이를 반박하며 인

간의 책임을 강조했습니다. 이로써 신학계는 양분되어 오늘에 이르고 있습니다.

하나님의 주권을 강조하는 입장은 때때로 인간의 책임을 등한시하는 듯한 인상을 주어 왔습니다. 그러나 성경은 구원의 은총으로 예정하신 하나님의 전적인 은혜를 밝히는 동시에, 구원을 받기 위해서는 예수님을 믿고 그분의 이름을 불러야 한다고 인간의 책임도 명시하고 있습니다.

나는 이것을 분명히 밝혔습니다.

너희는 그 은혜에 의하여 믿음으로 말미암아 구원을 받았으니 이것은 너희에게서 난 것이 아니요 하나님의 선물이라 행위에서 난 것이 아니니 이는 누구든지 자랑하지 못하게 함이라(엡 2:8-9).

우리가 얻은 구원은 하나님의 전적인 은혜와 우리의 믿음으로 주어졌습니다. 그 출발은 하나님의 은혜입니다. 우리의 행위의 대가로 주어진 것이 아니라 하나님께서 주신 선물입니다. 선물의 특성은 공짜라는 것과 받지 않으면 자신의 것이 될 수 없다는 것입니다. 하나님이 주시는 영생의 선물을 받는 것은 곧 하나님의 복음을 믿는 것이요, 예수님을 영접하는 것입니다(롬 6:23b). 하나님의 은혜와 우리의 믿음이 구원을 얻는 양대 기둥이며, 두 수단이 모두 있어야 합니다. 이 확고한 전제 아래, 나도 어떤 때는 은혜를 더 강조하고(롬 3:24, 5:15, 11:6; 딛 2:11, 3:7), 어떤 때는 믿음을 더 주문했음을 유념하십시오(롬 5:1, 10:9; 갈 3:6; 빌 3:9; 딤후 3:15).

주님은 믿지 않는 자들은 정죄를 받을 것이라 말씀하셨습니다(마 11:20-24; 요 3:18). 하나님은 은혜로 우리를 구원하시지만, 죄짓는 인간에 대해서는 책임을 지지 않으십니다. 오히려 내버려 두시기도 하고, 심판하시기도 합니다(롬 1:24, 26, 28, 2:6; 계 2:23, 20:12). 하나님은 죄짓지 않도록 억지로 막지 않으시며, 죄지은 자는 자신의 행위에 해당하는 보응을 받게 하십니다. 피할 길을 예비해 주시기도 하지만, 하나님은 엄격한 심판장이십니다.

나는 복음을 듣고도 믿지 않는 자들은 정죄를 받을 것이라고 선포했습니다(행 13:38-41; 살후 1:7-10). 복음을 들었으니 믿음으로 반응할 것을 촉구했습니다. 믿음은 들음에서 나는데, 복음을 전하는 자가 없으면 듣지 못하고, 듣지 못하면 예수님을 믿지 못하며, 믿지 못하면 주님의 이름을 부를 수 없기 때문에 복음 전파의 필요를 강조했습니다(롬 10:13-15). 주님께서 내게 맡기신 가장 우선적 사명이 복음을 전파하는 것임을 확실히 알았기에, 복음을 전하지 않으면 내게 화가 미칠 것이라고 확신했습니다(고전 9:16; 갈 1:15-16; 행 9:15, 26:15-23).

이렇게 두 가지 요소가 공존하며 서로를 지지함에도 불구하고, 학자들은 두 진리가 공존한다는 사실에 만족하지 못하는 경향이 있습니다. 한쪽을 더 선호하면 다른 쪽을 배제하거나 약화시키려 합니다. 다른 쪽에 대한 성경적 근거가 분명함에도 불구하고 말입니다.

논리학에는 모순율(矛盾律)이라는 개념이 있습니다. '동일 사물을 긍정하면서 동시에 부정할 수 없다'는 원리입니다. 또 '서로 반대되고 모순되는 두 개의 명제(命題)가 같은 권리로 주장되는 것'을 이율배반(二律背反)이라고 합니다. 그러나 알아야 할 것은, 서로 모순되게 보일 뿐 실제로는 모순이 아니라는 것입니다.

신학에서도 이런 현상이 자주 일어납니다. 두 주장

이 서로 상반되어 합의점을 찾지 못할 것 같지만, 실제로는 그렇지 않습니다. 그렇게 보이는 이유는, 주장하는 이가 다른 쪽 주장을 정중하고 정확하게 고려하지 않거나, 명제는 같지만 서로 다른 세부 사항을 강조하기 때문일 것입니다.

따라서 바르게 신학을 공부하는 자세는, 자신이 선호하는 입장의 약점과 다른 주장의 강점을 적어 보는 것입니다. 성경에 그런 주장들이 나온 배경과 문맥을 고려해 해석하려고 노력해야 합니다. 서로 다른 두 가지가 성경에 함께 있다면, 서로 다른 것을 부각시키기보다는 두 가지가 어떻게 서로 보완될 수 있는지 생각해야 합니다. 두 입장 모두 성경적 근거를 갖고 있으므로, 그렇게 쓰인 이유가 있다고 생각하고 서로의 주장의 근거가 되는 구절들을 살펴, 양쪽을 인정하고 공존할 길을 고민하며 해결책을 찾아야 할 것입니다.

# 사례 연구: 로마서 9-10장

하나님의 주권과 인간의 책임에 대한 논쟁에서 자주 언급되는 본문이 로마서 9장과 10장입니다. 하나님의 주권을 강조하는 학자들은 9장의 내용을 중요한 근거로 삼고, 인간의 책임을 강조하는 이들은 10장의 내용을 주목합니다.

결론부터 말하자면, 나는 로마서 9장을 쓰고 이어서 10장을 써 내려가면서 아무런 신학적 갈등을 느끼지 않았습니다. 당시는 장과 절의 구분조차 없었습니다. 내가 모순되거나 역설적인 입장을 쓴 것이 아니었기에, 이 두 장을 대립되는 신학적 입장 중 어느 하나를 지지하는 자료로만 사용해서는 안 됩니다.

### 로마서 저술 배경과 주제

이 두 장에서 내가 전하고자 한 바를 이해하려면 먼저 로마서 전체의 주제를 파악해야 합니다. 로마서를 쓴 것은 고린도교회와 갈라디아 교회들의 상황과 연결되어 있습니다. 이 교회 성도들이 유대주의자들의 잘못된 가르침을 수용하여 유대인의 날과 달과 절기를 지키고, 심지어 할례까지 받는 상황이 발생했습니다. 이런 상황을 내다보고 미리 준비시키지 못했기에 이런 불상사가 생긴 것입니다. 로마교회만큼은 준비시켜야 했습니다.

원래는 로마에 가서 대면하여 '나의 복음'을 전하며 준비시키고자 했습니다. 그러나 먼저 예루살렘에 가야 한다고 판단했습니다. 예루살렘교회 지도자들에게 이방인들은 믿음으로 구원을 받았으므로, 할례를 비롯한 유대 율법을 지킬 필요가 없음을 설득해야 했습니다. 유대주의자들이 예루살렘교회의 지도자들로부터 직간접적으로 묵인과 지원을 받고 있는 상황이었기 때문입니다.

그러나 예루살렘에 가면 불신 유대인들에게 체포되어 장기 투옥되거나 순교를 당할 가능성이 매우 컸습니다. 그렇게 되면 로마에 갈 수 없게 되므로, 직접 가서 가르치고자 했던 내용을 압축하여 편지로 적은 것이 로마서입니다.

로마서를 쓰면서 내 가장 큰 기도 제목은, 로마의 유대인 성도들과 이방인 성도들이 예수님 안에서 진정한 연합을 이루어 사랑의 공동체를 유지하며 복음에 합당한 삶을 살도록 하는 것이었습니다. 로마서 12-16장에서 이 주제를 자세히 다루었습니다. 그러나 이 두 그룹이 진정으로 서로 사랑하고 연합하기 위해서는, 자신들이 예수 안에서 근본적으로 동등하다는 것을 인식해야 했습니다. 인종이나 국적, 배경이 다른 사람들이 서로 온전히 동등하다는 것을 인정하지 않는다면 진정으로 연합할 수 없기 때문입니다.

사실 로마교회는 크게 둘로 나뉘어 있었습니다. 로마서 16장에서 문안 인사를 전하는 방식은 다른 서신들과 다릅니다. "누구누구에게 문안하노라"가 아니라, "누구누구에게 문안하라"라는 표현이 계속 반복됩니다. 이는 로마서를 받는 그룹과 그 문안 인사를 전달받는 그룹이 함께 모여 있지 않음을 암시합니다. 유대인과 이방인 성도들이 인종적 차이로 나뉘어 모인 것이 아니라, 유대 절기와 음식법 준수 여부에 대한 견해 차이 때문에 따로 모인 것입니다. 나와 동역했던 아굴라 부부, 에베네도, 안드로니고 부부 같은 성도들이 속한 그룹은 편지를 받는 쪽이 아니라, 인사를 전달받는 쪽이었습니다. 이 그룹은 이미 이방인이 믿음으로 얻는 구원의 정당성과 충족성을 알고 있었습니다.

내 바울서신 열세 권 가운데 구약이 총 88번 인용되었는데, 그중 53번이 로마서에서 사용되었습니다. 이것을 보더라도 로마서의 주 독자층이 유대인이었음을 알 수 있을 것입니다. 나는 유대 성도들에게, 이방인이 믿음으로 얻는 구원의 충족성을 논증하기 위해 구약을 많이 인용했다는 점을 유념하기 바랍니다.

이 두 그룹이 완전히 분열된 것은 아니었지만, 유대 음식법과 유대 절기를 지키는 문제 등으로 소위 '연약한 자'와 '강한 자'로 나뉘어 내부적으로 혼란을 겪고 있었습니다(롬 14:1-15:2). 게다가 유대주의자들의 로마 도착과 훼방이 임박한 상황이었습니다. 나는 편지를 받는 그룹이 로마서를 읽고, 이방 성도들이 율법을 지키지 않아도 된다는 것을 올바로 이해하길 바랐습니다. 또한 편지를 받은 쪽이 아굴라 부부를 중심으로 한 다른 그룹에 인사를 전달하면서 더 돈독히 연합하길 기대했습니다.

그래서 개인적 인사를 마치고 서신 전체의 주제를 언급한 후(롬 1:1-17), 로마서 1장부터 11장까지 유대인과 이방인의 동등성을 설명했습니다. 길게 설명했지만, 주제별로 구분하여 기록했습니다. 유대인과 이방인의 죄성의 동등성(롬 1:18-3:20), 칭의의 동등성(롬 3:21-4:25), 새로운 신분의 동등성(롬 5:1-8:39), 유대인과 이방인을 향한 하나님의 계획의 동등성(롬 9:1-11:36)을 설명했습니다.

이 과정에서 이방 성도들이 율법이나 할례와 상관없이 믿음으로 의롭다 함을 얻은 것이 충분하고 정당하다는 것을 강조했습니다. 이렇게 분명한 동등성을 바탕으로, 로마 성도들이 인종과 신분, 성별과 배경에 관계없이 서로 연합하여 복음을 전하고, 복음에 합당한 성숙한 삶을 살게 하려 했습니다. 그것이 거짓 선생들의 가르침에 미혹되지 않도록 준비시키는 길이라 생각했습니다.

### 로마서 9장 - 하나님의 주권

로마서 9-11장 전체의 논지를 '하나님의 말씀은 폐하여지지 않았다'(롬 9:6a)로 제시하고, 구약 말씀을 인용하며 논지를 확립해 갔습니다. 로마서 9장에서는 세 가지 명제를 하나씩 논증했습니다.

첫 번째 명제는 '이스라엘에서 난 자가 다 이스라엘이 아니다'라는 선언입니다(롬 9:6b-7a). 이를 증명하기 위해 "이삭으로부터 난 자라야 네 씨라 불리리라"(롬 9:7b; 창 21:12 참고)라는 창세기 말씀을 인용한 후, "곧 육신의 자녀가 하나님의 자녀가 아니요 오직 약속의 자녀가 씨로 여기심을 받느니라"(롬 9:8)라고 해석을 덧붙였습니다.

이 해석을 증명하기 위해 나는 리브가가 우리 조상 이삭 한 사람으로 말미암아 임신했던 사실을 상기시켰고(창 25:21), "그 자식들이 아직 나지도 아니하고 무슨 선이나 악을 행하지 아니한 때에 택하심을 따라 되는 하나님의 뜻이 행위로 말미암지 않고 오직 부르시는 이로 말미암아 서게 하려" 했다고 해석을 달았습니다(롬 9:11).

그리고 구약의 "큰 자가 어린 자를 섬기리라"(창 25:23), "내가 야곱을 사랑하고 에서는 미워하였으며"(말 1:2-3)라는 말씀을 인용해, 아무런 행위도 있기 전에 큰 자가 작은 자를 섬기고 동생 야곱은 사랑받고 형 에서는 미움받았다 해도, 이는 하나님의 전적인 권한이라는 논지를 전개했습니다.

두 번째 명제는 '그래도 하나님께는 불의가 있을 수 없다'는 선언입니다(롬 9:14). 이를 증명하기 위해 "내가 긍휼히 여길 자를 긍휼히 여기고 불쌍히 여길 자를 불쌍히 여기리라"(롬 9:15; 출 33:19 참고)라는 출애굽기 말씀을 인용한 후, "그런즉 원하는 자로 말미암음도 아니요 달음박질하는 자로 말미암음도 아니요 오직 긍휼히 여기시는 하나님으로 말미암음이니라"(롬 9:16)라고 해석을 덧붙였습니다.

이 말씀도 증빙이 더 필요하여, 출애굽기 9장 16절 말씀을 들어 하나님의 전적인 선택을 옹호하며 "성경이 바로에게 이르시되 내가 이 일을 위하여 너를 세웠으니 곧 너로 말미암아 내 능력을 보이고 내 이름이 온 땅에 전파되게 하려 함이라 하셨으니"(롬 9:17)라고 해석을 달았습니다. 그리고 중간 결론을 내렸습니다.

> 그런즉 하나님께서 하고자 하시는 자를 긍휼히 여기시고 하고자 하시는 자를 완악하게 하시느니라(롬 9:18).

이렇듯 나는 하나님의 전적인 주권을 강력히 논증하고 선언했습니다. 이렇게 되면 반드시 이의 제기가 있을 것입니다. 그래서 나는 미리 가상(假想)의 변론자의 질문을 적었습니다.

혹 네가 내게 말하기를 그러면 하나님이 어찌하여 허물하시느냐 누가 그 뜻을 대적하느냐 하리니(롬 9:19).

그러나 나는 답변을 제시하지 않았습니다. 설명해도 이해하거나 동의하지 않을 수 있고, 또 이런 이의 제기는 내 논지의 흐름을 흐릴 수 있기 때문입니다. 오히려 나는 반문하며 가상의 변론자의 이의를 묵살했습니다.

네가 누구이기에 감히 하나님께 반문하느냐 지음을 받은 물건이 지은 자에게 어찌 나를 이같이 만들었느냐 말하겠느냐(롬 9:20).

그리고 이어서 해석을 덧붙였습니다.

토기장이가 진흙 한 덩이로 하나는 귀히 쓸 그릇을, 하나는 천히 쓸 그릇을 만들 권한이 없느냐(롬 9:21; 렘 18:2-12 참고).

그러면서 하나님은 비난받으실 수 없다는 세 번째 명제를 제시했습니다. 이렇게 하나님의 전적인 주권을 강하게 합리화하며 주창했기에, 이후 하나님의 주권을 강조하는 학자들은 로마서 9장을 자신들의 주장에 대한 최상의 근거로 자주 인용합니다.

물론 이것은 틀린 해석이 아닙니다. 그러나 내가 왜 하나님의 주권을 이토록 강조해 왔는지, 그 의도와 배경을 이해하는 것이 더 필요합니다. 하나님께 원하는 자를 마음대로 선택하실 자유가 있음을 확고히 한 이유는, 사실 그다음에 할 더 중요한 발언을 위한 것이었습니다.

하나님께서 멸하기로 준비하셨던 진노의 그릇을 오래 참고 관용함으로 긍휼의 그릇이 되게 해 영광을 얻고자 하셨더라도, 그분은 전적인 주권을 가지신 분이기에 아무도 이의를 제기할 수 없습니다. 그리고 나는 이 그릇이 유대인뿐 아니라 이방인에게도 해당된다고 강조했습니다(롬 9:22-24). 여기서 핵심은, 이방인도 긍휼의 그릇에 포함하셨다는 것입니다.

유대인들의 머릿속에는 이방인들이 하나님의 은총에서 배제된 진노의 그릇으로 각인되어 있었습니다. 그러나 하나님이 이 진노의 그릇을 긍휼의 그릇으로 바꿔 이방인을 통해서도 영광 받기를 원하신다면, 누가 감히 반문하며 대적할 수 있겠습니까? 나는 이방인들도 하나님의 전적인 주권적 사랑과 용납의 은혜를 받았다고 선언한 것입니다!

태어나기도 전부터 야곱은 사랑하고 에서는 미워하신 주권의 하나님, 바로의 마음을 완악하게 하신 주권의 하나님, 같은 진흙으로 귀한 그릇도, 천한 그릇도 만들 수 있는 전적인 권한을 가지신 하나님께서 이방인들을 받아 주고 구원하기로 하셨다면, 누가 그것을 반대하거나 반문할 수 있겠습니까? 아무도 그럴 수 없다는 것을 논증하고 확언하기 위해, 구약의 말씀과 역사를 예로 들어 하나님의 전적인 주권을 길게 설명했던 것입니다.

이 그릇은 우리니 곧 유대인 중에서뿐 아니라 이방인 중에서도 부르신 자니라(롬 9:24).

이방인도 부름받은 자들이라는 사실을 확언하기 위해 나는 로마서 9장 6절부터 여기까지 논지를 이끌어 온 것입니다.

그럼에도 로마의 유대인 성도들은 여전히 납득하지

못했을 수도 있습니다. 그래서 하나님께서 이방인도 부르셨다는 두 가지 증거를 구약에서 다시 제시했습니다.

> 호세아의 글에도 이르기를 내가 내 백성 아닌 자를 내 백성이라, 사랑하지 아니한 자를 사랑한 자라 부르리라(롬 9:25; 호 2:23 참고).

> 너희는 내 백성이 아니라 한 그곳에서 그들이 살아 계신 하나님의 아들이라 일컬음을 받으리라 함과 같으니라(롬 9:26; 호 1:10 참고).

물론 나는 여기서 '하나님의 백성', '사랑받는 자', '하나님의 아들'이라 새롭게 불리는 이들이 '이방인'이라고 명시하지는 않았습니다. 유대 성도들이 너무 큰 충격을 받을 것 같았기 때문입니다. 그러나 이어서 인용한 구약은 이스라엘에 대한 예언임을 분명히 밝혔습니다.

> 또 이사야가 이스라엘에 관하여 외치되(롬 9:27a).

따라서 독자들은 내가 호세아서 말씀을 이방인에게 적용했음을 알아차렸을 것입니다. 그리고 이사야 10장 22-23절과 1장 9절을 인용하여 이스라엘의 불신과 참담한 미래를 설명했습니다.

이스라엘 자손들의 수가 비록 바다의 모래 같을지라도 남은 자만 구원을 받으리니 … 만일 만군의 주께서 우리에게 씨를 남겨 두지 아니하셨더라면 우리가 소돔과 같이 되고 고모라와 같았으리로다 함과 같으니라(롬 9:27b-29).

이어서 '이방인은 의를 얻고 유대인은 얻지 못하였다'(롬 9:30-31)는 두 번째 중간 결론을 내렸습니다. 그러면서 "이는 그들[유대인들]이 믿음을 의지하지 않고 행위를 의지함이라 부딪칠 돌에 부딪쳤느니라"라고 설명했습니다(롬 9:32). 이것도 쉽게 받아들여질 수 있는 말씀이 아니기에, 이사야 8장 14절과 28장 16절 말씀을 인용해 내 결론을 뒷받침했습니다(롬 9:33).

나는 로마서 9-10장에서 하나님의 주권을 주제로 조직신학적 논문을 쓰지 않았습니다. 1세기 당시, 그리스도를 믿음으로 의롭다 함을 받고 하나님의 백성이요, 하나님의 아들이라 일컬음을 얻게 된 이방인들이 있는가 하면, 예수를 그리스도로 믿지 않고 율법의 행위를 의지하는 대다수의 유대인은 구원받지 못하고 있던 현실을 설명한 것입니다.

나는 하나님이 남은 자를 허락해 주지 않으셨다면, 유대인들은 소돔과 고모라처럼 멸망했을 것이라고 선언했습니다. 하나님께서 시온에 거치는 돌을 두셨는데, 이방인들은 그 돌을 믿어 의에 이르렀고, 유대인들은 그 돌에 걸려 넘어졌다고 설명했습니다.

초대 교회가 신학적으로 설명해야 할 네 가지 중요한 질문이 있었습니다.

1. 십자가에 못 박힌 예수가 어떻게 메시아가 될 수 있는가?
2. 유대인들은 그렇게 기다리던 메시아가 오셨는데 왜 그를 믿지 않는가?
3. 하나님의 약속 밖에 있던 이방인들이 어떻게 구원의 은총을 누리게 되었는가?
4. 이방 성도들도 율법을 지켜야 하는가?

이 질문들을 염두에 두고 나는 로마교회의 유대인 성도들을 주 독자층으로 생각하고 설명했습니다. 하나님이 이방인들에게 주권적인 사랑을 베푸셔서, 그들이 예수님을 구주와 주님으로 믿을 때 구원의 은총을 주셨다는 것 그리고 이방 성도들은 율법을 지키지 않아도 된다는 것을 말하고자 했습니다.

유대인들은 메시아가 오셨음에도 믿지 않고 율법의 행위를 계속 의지했으며, 심지어 유대주의자들은 이방 성도들에게까지 율법과 할례를 강요하는 상황을 지적한 것입니다. 반면, 진노의 그릇 같았던 이방인들은 하나님을 부르지도 않았지만, 하나님께서 주권적 사랑으로 그들을 당신의 백성과 아들로 삼아 주셨음을 강조했습니다. 동시에 그들이 믿음으로 보인 반응도 높이 평가했습니다. 이방인이 구원받는 현상을 설명하기 위해 하나님의 주권적인 구원의 역사를 강조했음을 유념하기 바랍니다.

### 로마서 10장 - 인간의 책임

나는 인간의 책임에 대해 로마서 10장 1절부터 설

명한 것이 아니라, 사실상 9장 30절부터 10장 전체에 걸쳐서 설명했습니다. 여기서 보편적인 구원의 원리를 설명하면서 유대인의 불신을 부각시켜 인간의 책임을 강조했습니다. 유대인들이 믿음의 책임을 다하지 않았다는 점을 지적한 것입니다. 그들이 예수님을 믿지 않는 것은 하나님이 주권적으로 그들을 막으셨기 때문이 아니라, 그들이 믿어야 할 책임을 다하지 않았기 때문이라고 지적했습니다. 그리고 그 책임이 자신들에게 있음을 깨닫고, 예수님께서 메시아이심과 그분의 십자가와 부활을 믿어 구원에 이르러야 한다고 논증했습니다.

많은 신학자는 로마서 9장 6절부터 10장 21절 안에 서로 불일치하는 논지가 들어 있다고 말합니다. 9장 6-29절에서는 하나님께서 무한한 자유와 선택의 주권을 행사하시는 것이 당연하고 공정하다고 설명했는데, 9장 30절부터 10장 21절에서는 이스라엘의 불신을 비난하고 있으니, 내가 모순되게 말했다는 것입니다.

그러나 이것은 양자택일의 문제가 아니라, 둘 다를 포함하는 것입니다. 나는 9장 6-29절에서 하나님의 절대적인 주권을 설명했고, 9장 30절부터 10장 21절에서는 인간의 책임을 물었습니다. 학자들이 혼동하는 이유는 내가 같은 그룹의 사람들에게 배치되는 두 가지를 말하고 있다고 생각하기 때문입니다. 하지만 로마서에서 나는 유대인과 이방인에 대해 쓰고 있지만, 유념해야 할 것은 '안 믿는 유대인'과 '믿는 이방인'에 대해 썼다는 점입니다. 그래서 유대인에 대해서는 비판적으로, 이방인에 대해서는 긍정적으로 말한 것입니다.

믿지 않는 이방인이 수없이 많지만, 나는 그들의 불신을 비난하는 논지를 로마서에서 펼치지 않았습니다. 반면, 믿는 유대인이 많았음에도 유대인들의 믿음을 칭찬하는 데 지면을 거의 할애하지 않았습니다. 믿는 이방인에 대해서는 하나님의 주권적인 은혜로 구원이 주어졌음을 긍정적으로 설명했고, 불신 유대인에 대해서는 그들이 믿음의 책임을 다하지 않았음을 지적하고 비판했습니다. 그 과정에서 하나님의 자유와 주권 그리고 인간의 책임을 다루게 된 것입니다.

이 두 가지를 함께 받아들이고, 다른 진영의 학설과 근거 자료를 존중할 필요가 있습니다. 무엇보다도 내가 주장하고 설명하는 문맥과 배경을 이해하려는 노력을 기울여 주기 바랍니다. 모두 성경에 있는 자료이므로, 모든 자료를 동일하게 사용하여 균형과 진리를 찾으려 노력해야 합니다. 선호하는 학설만 지나치게 주장하는 것은 진리를 추구해야 하는 신학도의 올바른 자세가 아닙니다.

이제 로마서 9장 30절부터 10장 21절을 살펴보겠습니다. 먼저 9장 30절부터 10장 13절에서는 그리스도를 향한 믿음이 구원의 수단임을 설명했습니다. 이방인들은 믿음으로 구원을 얻었지만, 유대인들은 하나님의 의를 추구하면서도 그 의의 참된 본질과 의롭게 되는 방법을 몰랐기에 그리스도로 말미암는 의를 받아들이지 않았습니다. 오히려 율법의 행위로 얻으려 했고, 그 고집을 꺾지 않았습니다. 나는 이미 하나님의 의는 율법과 상관없이 그리스도의 오심과 죽음과 부활을 통해 나타났다고 지적했습니다(롬 3:21, 30). 예수님은 십자가로 율법 조문의 증서를 지우고 제하여 버리셨습니다(골 2:14).

따라서 율법의 구원 기능은 끝난 것입니다(롬 10:4). 그 이유(gar)로 나는 레위기 18장 5절과 신명기 30장 11-14절을 인용해 모세가 이미 믿음으로 말미암는 의에 대해 말했다는 점을 증명했고, 그것이 곧 그리스도를 믿는 믿음에서 오는 의라고 설명했습니다. 그리고 우리가 전파하는 복음이 곧 믿음의 말씀이라고 밝히며(롬 10:8), 구원의 보편적 방편을 인간의 책임과 역할 면에서 조명했습니다.

> 네가 만일 네 입으로 예수를 주로 시인하며 또 하나님께서 그를 죽은 자 가운데서 살리신 것을 네 마음에 믿으면 구원을 받으리라 사람이 마음으로 믿어 의에 이르고 입으로 시인하여 구원에 이르느니라(롬 10:9-10).

나는 믿음을 강조했습니다. 믿으면 구원을 받고, 믿을 때 의에 이른다고 선언했습니다. 그분을 믿고 부르는 모든 사람에게 구원의 은총이 주어지는 것은 "누구든지 주의 이름을 부르는 자는 구원을 받으리라"는 하나님의 약속 때문입니다(롬 10:13; 욜 2:32 참고). 따라서 우리는 복음을 전해야 하고, 듣는 자는 믿어야 하는 것이 자명한 원리입니다. 전해야 하는 책임과 믿어야 하는 책임이 우리에게 있습니다.

그런즉 그들이 믿지 아니하는 이를 어찌 부르리요 듣지도 못한 이를 어찌 믿으리요 전파하는 자가 없이 어찌 들으리요 보내심을 받지 아니하였으면 어찌 전파하리요 기록된바 아름답도다 좋은 소식을 전하는 자들의 발이여 함과 같으니라(롬 10:14-15).

이어서 나는 유대인들의 불신을 지적하면서, 그들에게 믿어야 할 책임이 있음을 명시했습니다. 그들이 복음에 순종하지 않는 것은, 이사야의 말을 듣지 않았던 조상들과 같았습니다. 그들이 말씀을 들어 보지 못한 것이 아니었습니다. 다윗이 말한 것처럼, "그 소리가 온 땅에 퍼졌고 그 말씀이 땅끝까지 이르렀"기 때문입니다(롬 10:18; 시 19:4 참고).

그러니 이스라엘이 알지 못한 것이 아니었습니다. 그들이 알면서도 믿지 않는 것은 하나님의 섭리가 있었기 때문입니다. 모세의 말씀을 인용해 설명했습니다.

내가 백성 아닌 자로써 너희를 시기하게 하며 미련한 백성으로써 너희를 노엽게 하리라(롬 10:19; 신 32:21 참고).

모세가 패역한 세대를 질책했던 것처럼, 나도 믿음 없는 유대인들을 안타깝게 여겼습니다. 그러고는 결론적으로 이사야 65장 1-2절을 인용하며 10장을 마무리했습니다.

> 나는 나를 구하지 아니하던 자에게 물음을 받았으며 나를 찾지 아니하던 자에게 찾아냄이 되었으며 내 이름을 부르지 아니하던 나라에 내가 여기 있노라 내가 여기 있노라 하였노라 내가 종일 손을 펴서 자기 생각을 따라 옳지 않은 길을 걸어가는 패역한 백성들을 불렀나니(사 65:1-2).

이사야 65장 1절과 2절의 원래 문맥은 모두 하나님을 따르지 않고 반역하는 이스라엘 백성에 대한 것입니다. 그들이 하나님을 구하거나 찾지 않았음에도 불구하고, 하나님께서 그들에게 나타나 "내가 여기 있노라" 하며 패역한 이스라엘 백성을 부르시겠다는 축복과 구원의 예언이었습니다.

그러나 나는 이 두 구절을 이방인과 이스라엘에게 따로 적용시켰습니다. 이사야 65장 1절의 '하나님을 구하거나 찾지 않던 백성'으로 이방인을 지칭하게 하여, 하나님을 떠난 백성이 받을 구원의 약속을 이방인들에게 긍정적으로 적용시켰습니다.

> 내가 나를 찾지 아니한 자들[이방인들]에게 찾은 바 되고 내게 묻지 아니한 자들[이방인들]에게 나타났노라 말하였고(롬 10:20).

이스라엘 백성에게 주셨던 구원의 약속을 이방인들에게 적용시켜 유대인들에게 선포하는 일은 상당한 용기가 필요했습니다. 그래서 이 구절을 인용하면서 "이사야는 매우 담대하여"라는 소개말을 덧붙였습니다. 그러나 사실 이사야는 축복과 구원의 메시지를 전했기에 그렇게 담대할 필요가 없었습니다. '기록된바', 혹은 '이사야가 말하기를'이라고만 해도 될 일이었습니다. 정작 담대하게 이 구절을 사용한 사람은 이사야가 아니라 나 자신이었습니다.

더 나아가, 내가 이사야 65장 2절을 유대인들에게 적용하며 비판적으로 사용한 것을 보면 더욱 그렇습니다.

이스라엘에 대하여 이르되 순종하지 아니하고 거슬러 말하는 백성에게 내가 종일 내 손을 벌렸노라 하였느니라 (롬 10:21).

하나님은 종일 손을 벌려 기다리시는데도, 유대인들은 순종하지 않고 거슬러 말하며 하나님의 오래 참으시는 은혜를 완강히 거절하고 있었습니다. 나는 이사야의 말씀을 인용하여 이방인의 구원의 축복과 유대인의 불순종을 담대하게 선포한 것입니다.

지금까지 로마서 9-10장에서 하나님의 전적인 주권과 인간의 책임을 강조한 배경을 길게 설명했습니다. 두 교리는 모순도, 역설도 아닙니다. 서로 배치되는 것도 아닙니다. 무엇을 강조하느냐에 따라 필요한 교리를 강조한 것입니다. 바울서신뿐 아니라 다른 성경 말씀도, 어떤 교리가 강조된 배경을 이해하고, 연관되거나 배치되는 것처럼 보이는 자료들을 폭넓은 그림 속에서 열린 마음으로 조화를 찾으려는 학문적 노력이 필요합니다.

성경에 언급된 모든 자료를 동등한 무게로 받아들

이고 사용해야 합니다. 이미 가진 전제에 부합하는 것은 쉽게 받아들이거나 극단적으로 주장하고 그렇지 않은 것은 대수롭지 않게 취급한다면, 그것은 하나님의 말씀을 대하는 바른 자세가 아닙니다. 자신의 학문적 총명과 지혜를 과신하여 상대방의 논지나 자료를 과소평가하는 것 또한 바른 태도가 아닙니다.

자기가 좋아하거나 옳다고 생각하는 전제를 뒷받침할 성경 자료에만 커다란 돋보기를 들이대어 그것을 가장 중요하고 유일한 자료로 주장하는 것은, 하나님의 말씀을 연구하고 해석하고 가르치는 책무를 부여받은 사람이 가져야 할 자세가 아닙니다.

무엇보다 겸손해야 합니다. 하나님의 깊은 뜻과 의미를 다 알 수 없다는 것을 인정하고, 다른 진영의 관점과 전제로 인해 그들이 더 잘 아는 부분이 있을 수도 있다는 것을 생각해야 합니다. 따라서 상대방의 주장에도 귀를 기울이고, 그들이 사용하는 성경 자료도 동일한 무게로 참작할 수 있어야 할 것입니다. 다른 사람의 학설을 비판할 때는 그 논지를 정확하고 공정하게 이해한 뒤, 잘한 것은 철저히 인정하고, 부족하다고 생각하는 부분은 정확한 자료로 겸손하게 반박해야 합니다.

배치되고 모순되는 것처럼 보이는 주제가 있다 할지라도, 성경의 권위를 인정하며 그 배경과 문맥 그리고 다른 성경 자료들을 찾기 위해 최선을 다해 성경의 진리를 발견하려는 겸손하고 균형 잡힌 신학도가 되길 축복합니다.

| 에필로그 |

주 안에서 사랑하는 신학도 여러분께!

지금까지 드린 조언과 관점이 도움이 되었길 바랍니다. 하나님께서 당신을 불러 전임으로 그분의 일을 맡기려 하시니, 당신의 현재와 미래의 역할은 너무도 중요합니다. 성경을 깊이 배우고 연구하는 것은 장래 사역을 준비하는 기본입니다.

베뢰아 성도들처럼 모든 것을 그러한가 질문하고 고민하며 성경을 상고하여, 성경에서 답을 찾기 바랍니다. 문맥과 배경을 충분히 고려했는지, 다른 관점과 자료를 균형 있게 참작했는지 살펴야 합니다. 자신의 지혜나 명철로 해석하지 말고 성령님의 통찰력을 간구하십시오.

열린 마음으로 진리를 추구하는 열망을 간직하십시오. 그러려면 가능한 한 모든 전제를 배제한 채 성경이 무엇을 말하는가에 집중해야 합니다. 자신의 관점과 전제로 성경을 해석하고, 조화와 이해되지 않는 부분을 성경 탓으로 돌리는 것은 큰 오류입니다. 신학은 지식이나 학문의 유희(遊戱)의 대상이 아니며, 문서 비평의 수단도 아닙니다.

생명의 말씀이신 예수님(요일 1:1)을 인격적으로 깊이 알아 가고, 그분과 가까이 동행하면서 생명의 말씀을 밝히 드러내기 위해 힘쓰십시오(빌 2:16). 나 역시 생명의 말씀을 전하는 것으로 말씀의 생명력을 가장 깊이 경험할 수 있었습니다. 그 경험과 성령님의 계시로 하나님의 심오한 섭리와 진리를 깨달아 갔습니다.

기독 신학은 학문으로만 머물러서는 안 됩니다. 생명처럼 살아 움직이며 생명을 살리는 학문이 되어야 합니다. 신학생들에게 단순히 지식(information)을 전달하는 차원을 넘어, 삶의 변화(transformation)까지 이끌어 낼 수 있길 바랍니다. 신학과 실천과 신앙이 균형 잡힌 교육이 이루어질 때 가능할 것입니다.

신학교 교수와 신학자가 된 분들에게 당부합니다. 내가 도서관에서 공부만 한 신학자가 아니라 발로 뛰는 전도자였음을 명심하고, 당신의 신학을 사역 현장과 연결하며 균형을 이루기 바랍니다. 바울서신을 해석할 때, 내가 처했던 현장성을 참작하면 좋겠습니다. "너희는 내게 배우고 받고 듣고 본 바를 행하라"(빌 4:9)는 원칙을 따라, 행함을 이끌어 낼 각오로 학생들을 가르치십시오. 그들이 당신에게서 배운 대로 장차 성도들을 가르치게 될 것입니다. 하나님께서 당신의 신학 연구와 교수 사역을 축복하시어, 훌륭한 목회자와 선교사와 신학자들이 준비되어 지역 교회와 하나님 나라가 강건하게 세워지길 기도합니다.

주님을 섬기기 위해 풀타임 사역을 결심하고 신학교에 입학한 신학생들을 응원합니다. 주님께서 허락하신 이 귀한 시간에, 바른 관점과 자세로 성삼위 하나님과 성경에 대해 최선을 다해 배우고 준비하기 바랍니다. 이미 신학 훈련을 마치고 목회나 선교의 현장에서 사역하고 있는 이들도, 교리나 성경의 여러 주제에 대한 올바르고 균형 잡힌 관점과 해석으로 성도들에게 바른 가르침을 주기 바랍니다.

이처럼 신학도로 총칭되는 신학자, 신학생, 신학 과정을 마친 사역자들의 헌신을 통해 지역 교회와 하나님 나라가 진리 위에 굳건히 세워져 가길 축복합니다.

묵상과 나눔

| **1장** |

# 행하고 가르치는 신학도가 되십시오

1. 예수님께서 먼저 행하고 그 후에 가르치셨던 훈련 원리의 중요성은 무엇입니까?

2. 상아탑에 머무는 신학자와 사역 현장에 참여하는 신학자는 신학 연구에 있어서 어떤 차이가 있을까요?

3. 신약성경이 선교하는 중에, 선교를 위하여 쓰였다면 이것을 어떻게 읽어야 할까요?

4. 초대 교회의 신학 형성에 이방인 전도 경험이 어떤 역할을 했습니까?

5. 어떻게 하면 교회와 성도들에게 유익을 주는 신학을 할 수 있을까요?

| **2장** |

# 신학과 실천과 신앙의 균형을 잡으십시오

1. 신학 교육에서 신학과 실천과 신앙(영성과 성품)의 균형을 이루는 것은 왜 중요합니까?

2. 신학과 실천과 신앙의 계발을 위해 신학교 커리큘럼은 어떻게 조정되어야 할까요?

3. 신학교, 지역 교회, 선교 단체는 어떻게 서로를 위해 협력할 수 있을까요?

4. 신학생들은 신학교에서 훈련받는 동안 어떤 부분을 특히 준비하면 좋을까요?

5. 신학자들이 신학생들을 교육하고 교회를 강건하게 하기 위해 유념해야 할 영역은 무엇입니까?

| **3장** |

# 성경의 숲을 먼저 보고 본문의 나무를 보십시오

1. 성경의 숲을 먼저 보고 본문의 나무를 보라는 것은 무슨 의미입니까?

2. 바울서신이 신학 서적이라기보다 일차적으로 전도 사역의 후속 양육 편지인 것을 인식하는 것이 왜 중요합니까?

3. 바울이 선교 사역 중 가장 우선적으로 전했던 메시지는 무엇입니까?

4. 초대 교회에서 이방 선교는 어떻게 시작되었으며, 이방 선교의 경험이 신학 형성에 어떤 영향을 미쳤습니까?

5. 이방인의 사도라는 바울의 자아 인식과 이방 선교의 경험은 그의 신학 형성에 어떤 관점을 제공했습니까?

| **4장** |

# 선교적 관점으로 성경을 읽으십시오

---

1. 예수님이 누가복음 24장 44-47절에서 구약의 핵심을 요약해 주신 것은 어떤 의미가 있습니까?

2. 바울은 어떻게 아브라함을 선교적 관점에서 이해했습니까?

3. 바울이 구약 전체를 선교적으로 이해하고 그 내용을 로마서의 논지에 활용하는 것을 보며 어떤 느낌이 들었습니까?

4. 선교가 성경 전체에 흐르는 맥(脈)이라면, 우리는 어떤 관점에서 성경과 신학 교육을 대해야 합니까?

5. 로마서의 논제적 결론에 인용된 구약의 네 구절(롬 15:9-12)이 로마서의 성격을 어떻게 규정해 주는 것 같습니까?

| **5장** |

# 학설이나 교리보다 진리를 수호하십시오

---

1. 어떻게 하면 성경의 진리를 찾아내고 수호하는 신학도의 본연의 임무를 다할 수 있을까요?

2. 예정론 교리를 어떻게 균형 있게 이해할 수 있을까요?

3. 대체신학의 시작과 발전은 어떤 과정을 거쳤으며, 그 영향은 어떤 결과를 가져왔습니까?

4. 같은 성경에서 반유대주의적 신학과 친유대주의적 신학이 주장되는 이유는 무엇입니까?

5. 성경에서 학설이나 교리를 유출해 낼 때 주의해야 할 사항은 어떤 것들입니까?

| **6장** |

# 다른 사람의 학설에도 겸손하게 귀를 기울이십시오

1. 하나님의 주권과 인간의 책임은 어떤 의도에서 각각 강조되었습니까?

2. 로마서의 저술 배경과 주제에 대해 새롭게 알게 된 것은 무엇입니까?

3. 로마서 9장에서 하나님의 주권을 주장하는 배경은 무엇이며, 어떤 결론을 향하여 하나님의 주권을 논증합니까?

4. 로마서 10장에서 인간의 책임을 주장하는 배경은 무엇이며, 무엇을 설명하기 위해 인간의 책임을 논증합니까?

5. 모순되는 것처럼 보이는 주제를 바르게 이해하려면 어떤 자세와 방법론을 가져야 할까요?

# 바울이 보낸 신학 십계명

1. 성경의 권위를 인정하고 성경에 정통하라

2. 성령의 조명을 간구하며 성경을 연구하라

3. 학설이나 교리보다 진리를 수호하라

4. 지식이나 방법보다 원리를 체득하라

5. 진리를 설명하고 삶과 연결시키라

6. 행하고 가르치는 신학자가 되라

7. 전제를 배제하고 본문 주해에 집중하라

8. 신학과 실천과 신앙의 균형을 유지하라

9. 성도와 교회에 유익을 주는 신학을 하라

10. 다른 사람의 학설에도 겸손하게 귀를 기울이라

# 내가 쓰는 신학 고백문